# 55歳、「今さらムリ？」

## あきらめていてもキレイになれます

オバ見えメイク
卒業マニュアル

1万人以上のアラフィフ女性を
大変身させたカリスマヘアメイク
船津有史（えがお写真館／EGAO）

インプレス

# メイクでキレイになること、「今さらムリ！」とあきらめていませんか？

メイクすると、かえって老けて見える……
なんとなく垢抜けない……
眉毛が左右非対称。ゴールがわからない……
シミ・シワ・たるみがひどくてメイクする気にならない……
SNSや雑誌で見る素敵なマダムと何かが違う……

とにかく、メイクをどうやればいいのかわからない！！

そんなお悩みを
お持ちの方も大丈夫。

ほうれい線は
ワンアクションで
目立たなくできる！

全部やらなくていい！
50代は眉を
変えるだけで激変！

ファンデの
塗り方だけで小顔に！

「足す」よりも
「補う」！

色はたくさん使わない。
パーツを
はっきりさせればOK！

## この本を読み進めていくだけで、自然と垢抜け顔に早変わり。

難しいテクニックは抜きにして、
すっと理解できるポイントだけをまとめました。

さぁ、あなたもこの本を読んで、
もっとキレイでイキイキとしたお顔に！

# はじめに

50代以上の女性を専門に、一般のお客様やモデルさんのヘアメイクをさせていただいております。

メイクのお悩みで多いのは、シワ・たるみ・シミ・眉毛の描き方・色選び・今の自分に合ったメイクがわからない……といったこと。

年齢を重ねたことで、もともとあったものがなくなったり（ハリ・ツヤ・眉が薄くなる）、なかったものが出てきたり（シワ・シミ・くすみ）と、これまでと何かが違ってくる年代だと思います。

そんなお悩みを伺いながら、いつも思うのは「もったいない」ということ。なぜならそれを理由にメイクをすること、キレイになることをあきらめているからです。

「ちょっとしたことでそのお悩みが解決するのに……」。そんなもどかしさを常々感じていました。

でも、みなさんがあきらめているのには理由があって、それは単純に「わからない」から。決してキレイになりたくないわけではなく、「情報を得る場所がない」から。「今さ

はじめに

らデパートの化粧品売り場に行くのはハードルが高い」「そもそもなにを聞いたらいいかわからない」という方がとても多いことに気づきました。

そんな方達の受け皿になるよう、少しでもお悩み解決の手助けになればと思い、この本にまとめさせていただきました。

メイクでお悩みの方、今さらメイクなんてと思っている方はもちろん、年齢を理由にあきらめている方にもぜひ読んでいただきたいです。

メイクには女性を変える力があると思っています。それは普段お客様と接している中で感じていることで、メイクでキレイになると、「髪型を変えてみよう！」「お友達を誘って出かけよう！」などと気持ちがポジティブに変わっていきます。

この本をきっかけに、少しでもそのような方が増えれば嬉しいなと思っております。

# もくじ

## Chapter 3 厚塗りをやめる。それがベースメイクのお悩み解消の近道。50代からは色白より透明感！ 065

もくじ

# Chapter 4

## ポイントメイクは「色」より「パーツ補整」が大切。大人は〝さりげなく〟で大きく盛れる

もくじ

# Chapter 1

キレイになるのに
年齢は関係ない。
思い込みさえ取っ払えば
誰でも今すぐ
キレイになれます

# 01

# 50代のメイクのお悩みはベースメイクと眉で8割解決します

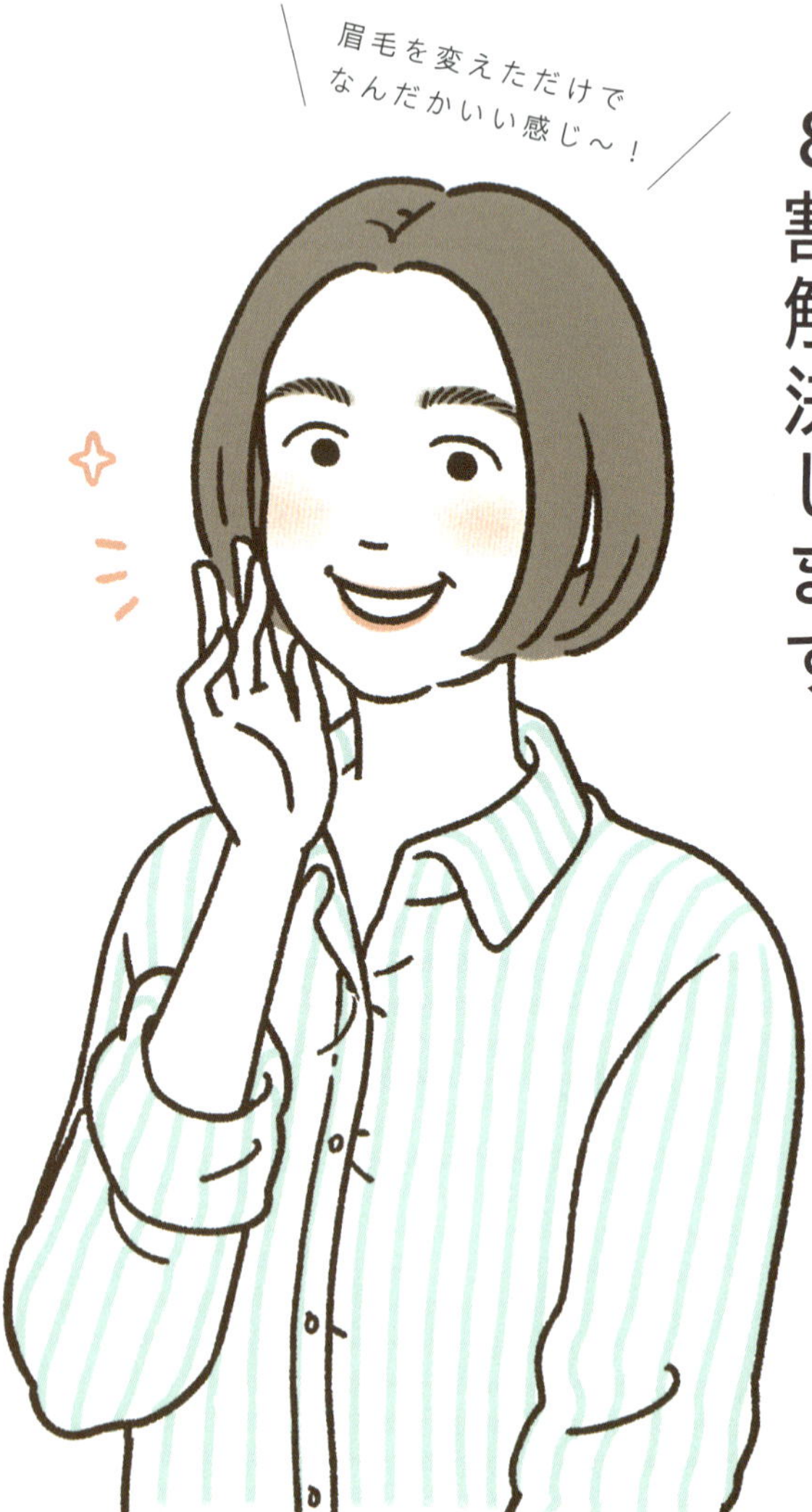
眉毛を変えただけで
なんだかいい感じ～！

50代に入ってから、鏡を見るとなんだか元気がなさそうに見える。周囲からも、「疲れていない？」と聞かれることが増えてきた……。なんとかしたいけど、どうしたらいいのかわからない。そんなお悩み、きっとあると思います。

20代の頃のハリとツヤを取り戻す、とまでは言わないけれど、10年くらい前の元気そうなお顔に戻せたら、それだけで気持ちが晴れやかになれますよね。

大丈夫。メイクが苦手でも、どなたでも、必ずメイクで若々しく元気なお顔になれます。

大人のメイクは、「ベースメイク」と「眉」さえ押さえれば、8割は完成したようなもの。年齢を重ねて出てくる悩みはシミ、シワ、たるみ、くすみ、眉の非対称など、その多くがベースメイクと眉に関することです。裏を返せば、ベースメイクと眉さえ整えれば、お悩みが解消され、ナチュラルな若見えが叶うのです。ベースメイクと眉毛で若々しいお顔の土台を整えたら、あとはなりたい自分、着たい洋服に合わせて、好きなようにメイクを楽しみましょう。

# 02

# 道具が変わるだけでテクニックがなくてもメイク上手になれる

下地にファンデーションにコンシーラー、アイライナーに眉ペンシル、マスカラ、チーク、リップ……。みなさん、メイクアイテムは意外と揃っていますよね。ところが、それを「塗るための道具」は持っていないという方、思いのほか多いのです。

ケース入りのメイクアイテムには、小さなチップやブラシ、スポンジなどが入っていますが、それらは携帯性や収納性を優先して作られているので、上手に描くための道具としては使い勝手がよくありません。持ち手が短かったり、ブラシ部分が小さかったりと、メイクが苦手な人にはなおのこと扱いが難しいです。付属のブラシ類を使っているとしたら、専用ブラシを揃えるだけで、メイクの仕上がりが格段にアップするはず！　難しく考えなくても道具ひとつで解決できることもあるので、メイクに苦手意識を持たないでくださいね。

マストで揃えたいのは「アイブロウブラシ」「チークブラシ」「コンシーラーブラシ」。まずはこの3本を揃えてみて、少しずつ足していくとよいと思います。

# 03

# 「気になるところ」ではなく「全体」を見てメイクしたほうが若見えします

メイクを8割
仕上げたら全体の
バランスを確認

年齢を重ねると、少しずつ出てくるシミや肝斑。一度気になり始めると、そこばかりに目がいってしまい、テンションも下がり気味に。メイクをしに来られるお客様も、「ほら、ここのシミが目立つでしょ。どうにか隠してほしいの」とピンポイントで気にされる方が多いです。

でも、そこまで気になるのはご本人だけで、じつは周囲はあまり気にならないもの。人を見るときは、まず全体の雰囲気や表情に目がいきます。正面だけでなく、横向きや後ろ姿など、角度もさまざま。さらに立ったり座ったり、しゃべったり……と動くので、正面から鏡を見ている自分の見え方とはだいぶ違います。

気になる部分を完璧に隠すことより、全体の雰囲気を考えましょう。部分的なシミを消そうと一生懸命に塗ると、厚塗りになりがち。近くで見てシミは消えても、引いてみたら、厚塗りメイクで古臭い感じに見えてしまいます。

メイクは8割仕上げたら、一度全体を見てみます。髪を整えて洋服を着て、アクセサリーをつけた状態で見ると、「あら？　シミはあまり気にならない？」となるもの。それでも気になるようなら、最後に足して仕上げていけば完璧です。

# 04

# メイク迷子になっていない？「足す」よりも「補う」ことから始めましょう

若い頃からずっと同じメイク。もはや流れ作業のようにできるけど、最近、なんだか似合わなくなってきたかも。そんな違和感を覚えつつ、「でも、どう変えていいのかわからないのよ～」とおっしゃる方、とても多いです。

若いときのメイクと、大人（今の自分）のメイクは違います。年齢を重ねると、今まであったもの（ハリやツヤ）がなくなったり、反対に今までなかったもの（シミ、シワ）が出てきます。

「補う」だけで
グッとキレイに！

また、たるむことによって輪郭が曖昧になったり、ぼやけて見えてしまいます。大人メイクは、まずはそこを「補う」ことから始めましょう。

水彩画を描くとき、白い画用紙に描く場合は、絵の具の色がキレイに発色しますが、グレーの画用紙の場合、下の色が透けて、絵の具が本来の発色になりませんよね。それと同じで、画用紙を一旦白に戻す作業が必要です。

逆に言えば、一度白に戻しさえすれば、あとは好きなようにメイクを楽しめます。

「補う」メイクを丁寧に行えば、品よく若見えする大人メイクに仕上がるはず！

# 05

# キレイになるのに年齢は関係ありません

「メイクをしたって、今さらねぇ……」。口ではそう言うけれど、やっぱりキレイになりたいですよね。願望はあるけれど、美意識を出すことに抵抗がある、変化することが恥ずかしい、どうすればキレイになれるのか方法がわからない……。事情はさまざまですが、ひとまず「あきらめたこと」にしていませんか？

あきらめるなんてもったいない！　メイクをすれば、どんな方でも必ず変われます。難しいと思ってやらなかったり、今のお顔に合わない若い頃のままのメイクをしているだけで、ネガティブな部分をカバーするメイクをちゃんと施せば、見違えるほど元気で若々しいお顔になります。キレイになれるかどうかの差は、メイクの仕方を知っているかいないか、それをやるかやらないかだけ。

お客様にメイクをしていると、チークが入り始めたくらいから、今の自分でもまだまだキレイになれることに気づく。そうするとメイクだけでなく、髪型を変えてみよう、今までは着なかった色の服やアクセサリーを試してみようと思ったり、もっともっとおしゃれを楽しみたくなります。メイクは、そんな好循環が生まれるキッカケになるはずです。

まとめ1

# メイクが上手くいかないのはテクニックのせいじゃないかも！

メイクの具体的なテクニック以前に、「環境」や「アイテムの見直し」していますか？
これを見直すだけで上手くいくかも。

□ **1 メイクは明るい場所で！**

顔に影ができない明るい場所でメイクしましょう。ダイニングなどのオレンジ色の光は本来の色が見えづらいので注意が必要です。

□ **2 大きな鏡を見てメイクする**

顔全体が見える大きな鏡でメイクしましょう。アイラインなど細かいところが見えづらい場合は、拡大鏡を使って。

□ **3** 仕上がりは
いろんな角度から
チェック

正面だけでなく、斜めや横顔もチェックを。顔は立体が多いのでいろいろな角度からチェックすることで、それだけで上手にメイクが仕上がります。

□ **4** メイクが
苦手な人こそ
専用ブラシを使う

眉やチークに苦手意識がある人は専用のブラシを使ってみましょう。それだけでお悩みが解決してしまうかも。

□ **5** 使用期限切れの
化粧品は
買い替えを

人によっては数年前の化粧品をずっと使っている……ということも。化粧品には使用期限があります。新しいものに買い替えを。

□ **6** ファンデーションの
色の見直しを

ファンデーションの色を１０年替えていない場合は、１段暗い色に変更を。お肌の色は年齢とともにくすんで暗く見えがちなので、更新しないと白浮きの原因に。

**綿棒は万能アイテム！**

お直しをはじめ、コンシーラーを点で置いたり、アイラインを馴染ませたり、眉頭をぼかしたりと、綿棒はメイクの必需品。揃えておきましょう。

Column 1

# 年齢に合ったものを選ぶ。それが「若づくり」と「若見え」の分かれ道

50代は、一歩間違えると、垢抜けのつもりが若づくりになって余計に老け見えするなど、悩みの多い年代。若々しく見せようと若い頃のままのメイクやファッションだと浮いてしまうし、かといって年齢相応と言われてもわからないし、そもそもなんだかつまらない……。

お悩みに合わせてそれを補うようなものを取り入れていけば、若い頃のメイクとファッションを上手くアップデートでき、ナチュラルに垢抜けします！

眉が決まれば
メイクが決まる。
メイク迷子は
まず眉を変えてみて。
それだけで5歳若返る

# 01

# 50代からは流行の前に基本のバランスに補整するだけで素敵に見えます

流行の眉毛を
追わなくても
いいのね！

眉毛には流行があって、平行眉や下がり眉、太眉や細眉など、時代とともにさまざまな形が流行りました。眉毛は顔のフレーム。顔の印象を大きく左右するだけに、形にはちょっとこだわりたいですよね。

ただ、大人世代は流行の眉毛の形を追うよりも、「眉毛の補整」をするほうがずっと大切です。年齢とともに毛が薄くなったり、表情の癖などで左右差ができたりと、若い頃とは眉毛の形が違ってきています。まずはその変化した部分を、「基本のバランス」に補整することからスタートしましょう。

その上で、流行の眉毛の形を少し取り入れれば、フレッシュでおしゃれな眉毛になります。

# 02

# 左右非対称な眉は眉頭の「高さ」を揃える

こうした眉も
補えばキレイに！

眉頭が揃っているだけで
眉毛が整って見える！

「眉毛が右と左で違う！」というお悩みをお持ちの方、とても多いです。

眉を描く上でとくに大切なのは、眉頭の高さを揃えること。左右非対称な眉の場合は、眉のスタート地点である「眉頭」が揃っていないと、その先の眉を対称に描くことがとても難しいです。逆に言えば、眉頭さえ揃えられれば簡単に左右対称な眉を描くことができます。だからまず、「眉頭を揃える」ことが大切なのです。

加齢によるたるみや長年の表情の癖で、眉毛の形は変化しがちです。たとえばまぶたが目にかぶさり、ぎゅっと目を見開いて眉を上げる癖があると、眉全体が上がり気味に。目が悪くて目を細めて見る癖があると、眉間に力が入って眉頭が内側に入ります。これらの癖やたるみによって、眉頭の高さや、眉毛自体の高さ、眉毛の角度が違ってきたりします。

そのため、眉毛を描くときは、まずは自分の眉毛がどうなっているのかを理解することが大切。鏡を見て自分の眉毛を観察しながら、眉頭の高さをチェックして、左右対称になるように「補う」ことから始めます。

# 03

# ベージュのアイブロウパウダーは眉頭を揃えるためにある

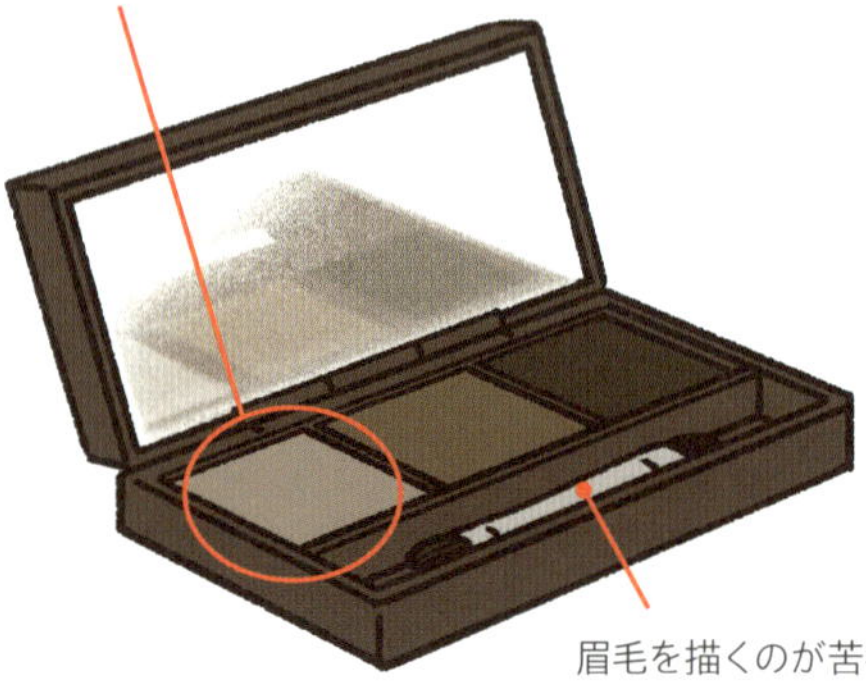
眉頭には「ベージュ」を使う
眉毛を描くのが苦手な方はなるべく付属のブラシは使わない

大人世代は、眉毛はペンシルだけで描いている方がとても多いのですが、アイブロウパウダーを使うと一気に垢抜けます。

アイブロウパウダーを持っている方でも、よく使うのはブラウンとダークブラウンだけで、ベージュだけ余っていませんか？　じつは、このベージュこそが大人世代の眉には必須アイテムです。

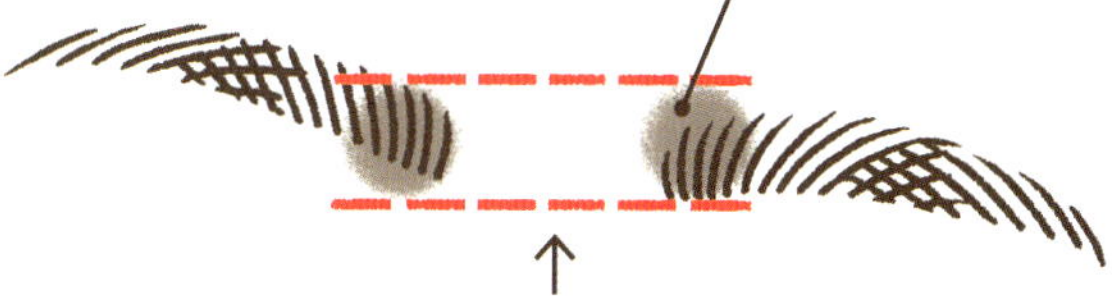
高さを揃えるイメージで
眉頭にベージュをのせる
＼ふわっとのせる／
揃える

眉毛をいきなりペンシルで描くと、眉頭が強くなり唐突な印象になりますが、ベージュのアイブロウパウダーなら重ねてもそこまでつきすぎず、自然な仕上がりになります。

ベージュのパウダーをのせるときは、ブラシにつけたパウダーを手の甲で一旦馴染ませてから眉頭にのせましょう。ふんわりとやわらかくパウダーがのり、自然な印影のある眉頭になります。

左右の眉頭の高さが違う場合も、高さを揃えるイメージで眉毛が足りない部分にベージュのパウダーのせていきましょう。

## 04

# 自然な眉は「ブラウンパウダー」と「グレーのペンシル」が最強セット

グレーのペンシルのみ

海苔のように
とって
つけたよう……

海苔をペタッと貼り付けたようなくっきりはっきりした眉毛……。もしかして、グレーのペンシル1本ですませていませんか？

眉アイテムにはアイブロウパウダーとペンシルがあります。この2つをセットで使うことで、誰でも自然な眉になります。

私がお客様に一番おすすめするアイテムが、ベージュ、ブラウン、ダーク

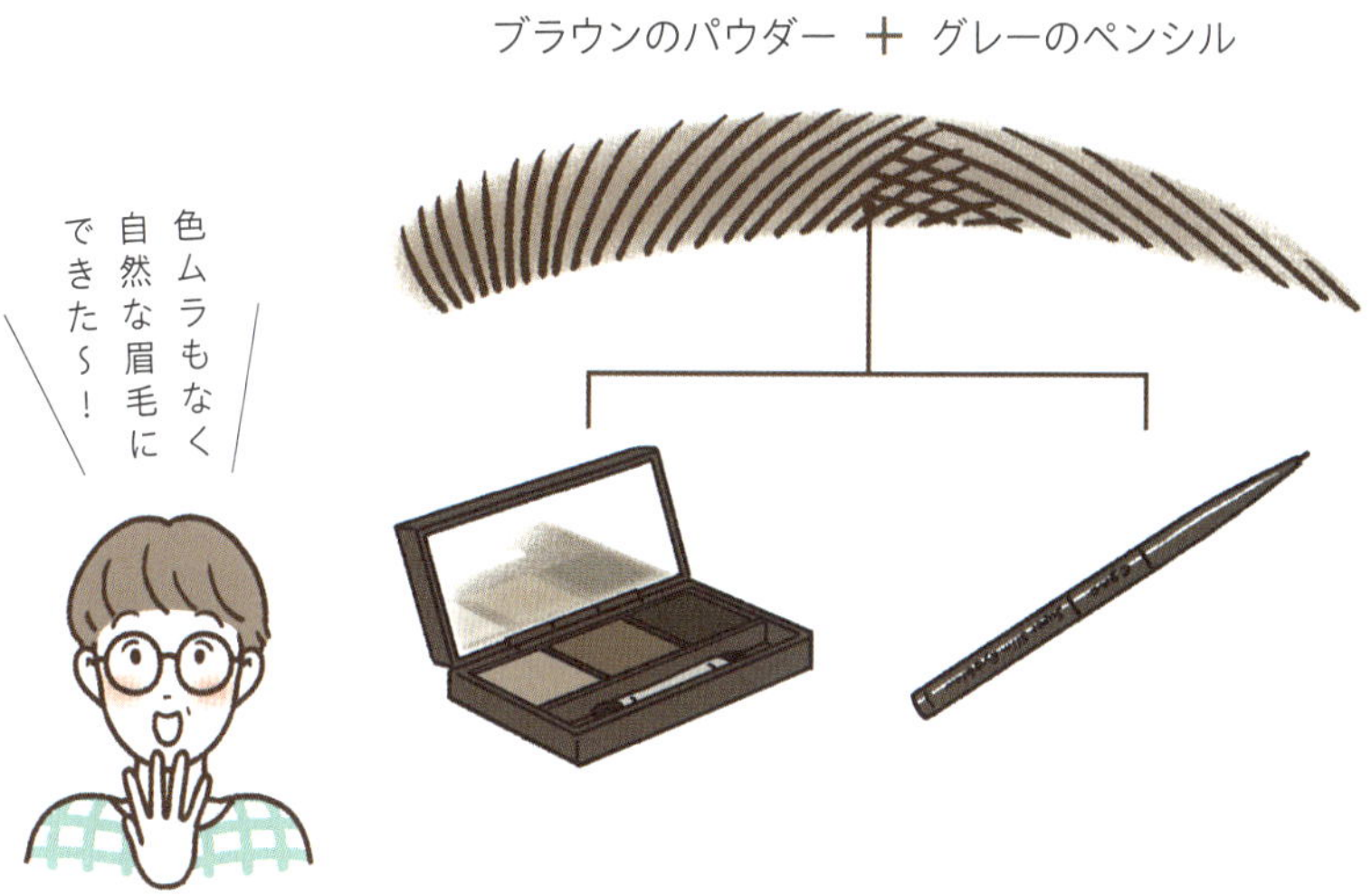
ブラウンのパウダー ＋ グレーのペンシル
色ムラもなく自然な眉毛にできた～！

ブラウンの3色がセットになったアイブロウパウダーと、グレーのペンシルです。

まずはベージュのパウダーで眉頭を描き、次にブラウンのパウダーで眉全体を描いていきます。

そしてグレーのペンシルで眉毛のないところに描き足していきます。一気に描こうと欲張らずに、1本1本毛を足すように丁寧に描いていきます。そうすることで、ペタッと貼り付いたような眉から、もとから生えていた自分の眉のようなふわっとした眉に仕上がります。

# 05

# 大きい鏡で真っ直ぐ顔を見て描く。それだけで眉の仕上がりがアップ

ケースの鏡だと
片方の眉しか見えない……

卓上鏡だと角度が
ついてしまう……

眉毛を左右対称に描いたつもりが、仕上がってみたら違っている……。よくありますよね。その場合、アイブロウケースについている小さな鏡を使っていませんか？

鏡が小さいと片方の眉毛しか見えないので、左右のバランスを見ながら整えていくことができません。小さいから寄って見るので、余計に一部分だけを見て描くことになってしまいます。

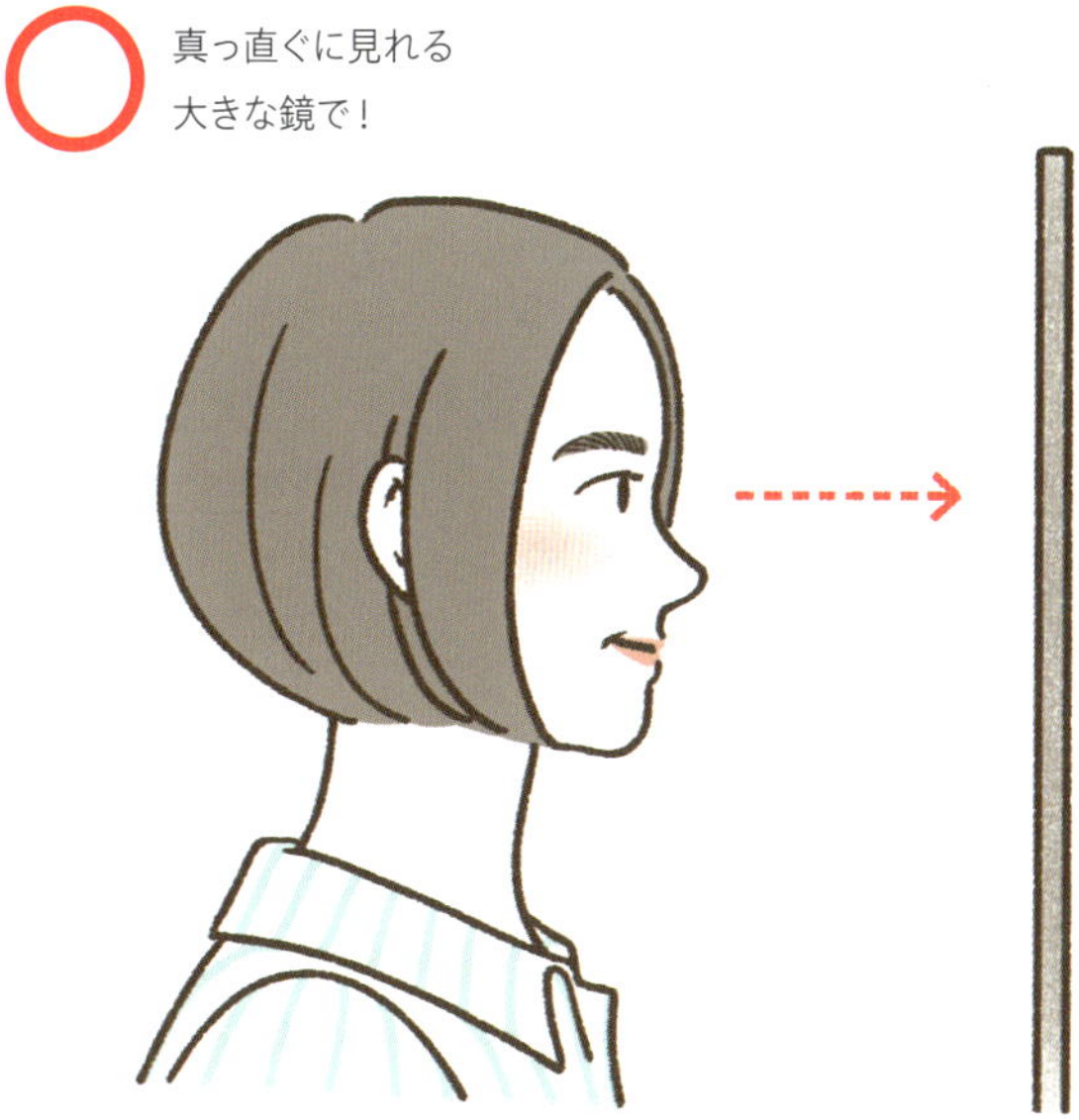
真っ直ぐに見れる
大きな鏡で！

机の上に置くタイプの鏡も、左右不揃いになってしまう原因に。眉は筋肉があるので、鏡を見下ろした状態で描いて顔を上げると、筋肉が動いて眉の形が変わってしまいます。

鏡は、洗面所にあるような、大きくて顔を真っ直ぐ見ることができるものを使いましょう。左右の眉のバランスを見ながら、仕上がりと同じ角度で描くのが上手に描くポイントです。

完成したら、顎を上げて眉下のラインが揃っているかチェック。さらに左右に顔をふって、眉頭と眉尻の高さが揃っているか確認します。

06

# 眉専用ブラシは「眉が上手く描けない」を一気に解決する魔法のアイテム

× 付属のブラシ

・眉毛が隠れる……
・力が入る……

○ 眉専用ブラシ

眉頭や眉全体を描いたり、ぼかすブラシ

眉頭用と眉尻用が1本になっているものもある（同じような形の持ち手ならアイシャドウブラシでもOK）。

眉尻を描くためのブラシ

「眉が上手く描けない」、そんな悩みをお持ちの方、とても多いですよね。そのお悩み、ブラシを替えるだけで解決してしまうかも。アイブロウパウダーに付属しているブラシで眉をキレイに描くのは、眉に苦手意識がある方には少しハードルが高いかもしれません。付属の小さいブラシは筆先の近くを持つので、眉毛が手で隠れてよく見えません。鏡に近づいて見ることになり、全体のバランスもとりにくいです。

**眉専用のブラシを揃えるだけで、眉毛はぐっと上手に描けるようになります。**眉専用ブラシを選ぶ際は、①持ち手が長め、②形は平の刀型、③硬さは普通がよいと思います。眉全体のバランスがとりやすく、ナチュラルで繊細な形を描きやすいです。ドラッグストアなどでも購入できるので、ぜひ取り入れてみてください。

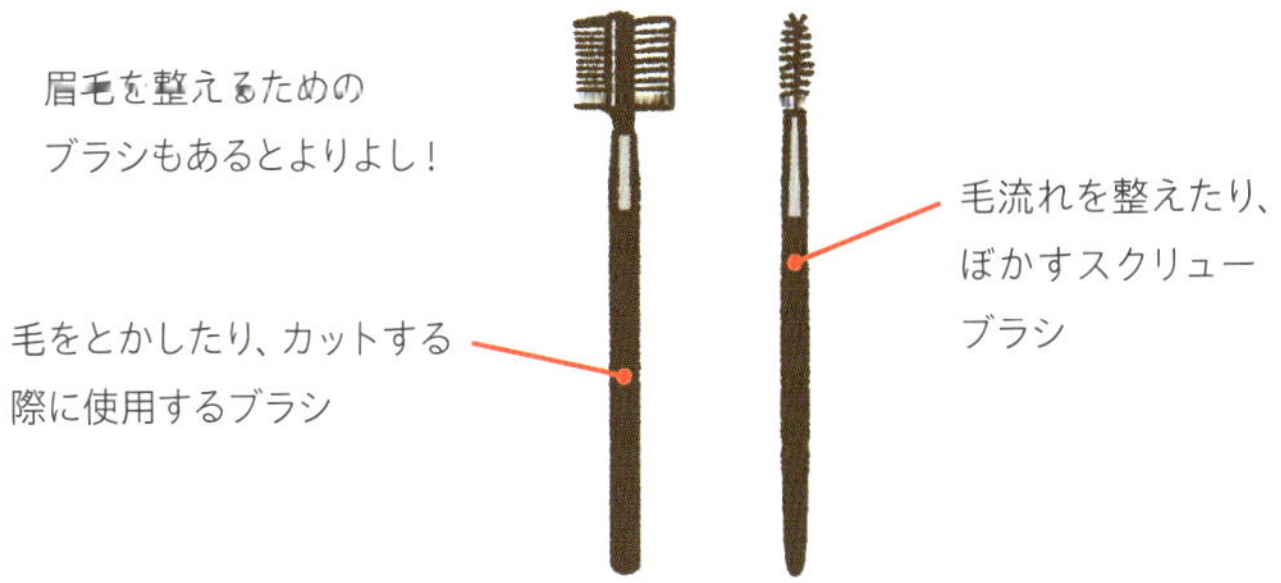
眉毛を整えるための
ブラシもあるとよりよし！
毛流れを整えたり、
ぼかすスクリュー
ブラシ
毛をとかしたり、カットする
際に使用するブラシ

# 07

## 眉専用ブラシなら、正しいフォームでキレイな眉毛が描けます

付属のブラシで描くのが難しいのは、ブラシが短いことが原因のひとつ。親指と人差し指で鉛筆持ちをするので、指先にギュッと力が入って強く描いてしまいます。そうすると長く自然な線が描けません。

一方、眉専用のブラシは持ち手の長いものが多く、少し顔と距離ができるので、正しいフォームで力を入れずに描くことができます。また、眉専用ブラシだと指先の細かいストロークで1本1本描けますが、短いブラシだとそれができないので、キレイに描くのが難しいです。

また、短いブラシだと手を固定できないので空中に浮かせて描く形になり、線がブレてしまいがち。一方、長いブラシは小指を頬に固定して描けるので、安定して描けることも、キレイに描ける理由のひとつです。

× 付属のブラシ

短く持つので
力が入る……

空中で描くので
不安定……

○ 眉専用ブラシ

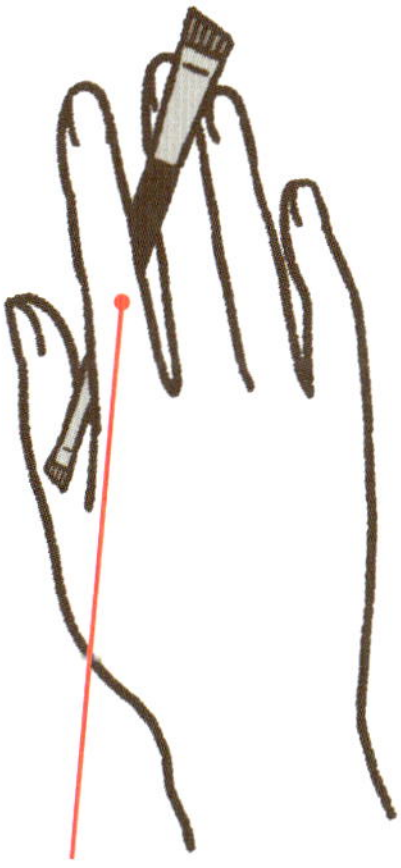

人差し指と中指にブラシを
挟んで固定。親指は添えるだけ

長く持つので力を
入れずに
スーッと描ける！

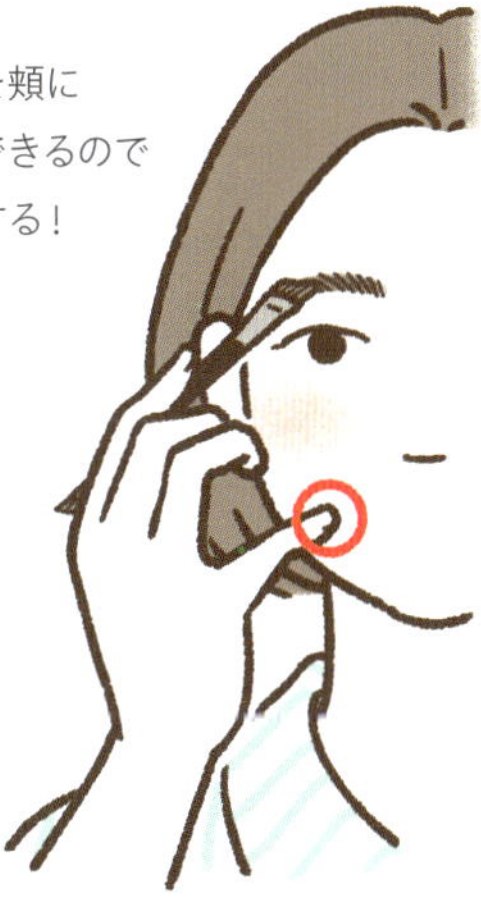

小指を頬に
固定できるので
安定する！

08

# 眉下のラインを揃えると
# それだけで美人度が
# 格段にアップする

× 眉毛の下のラインがガタガタ……

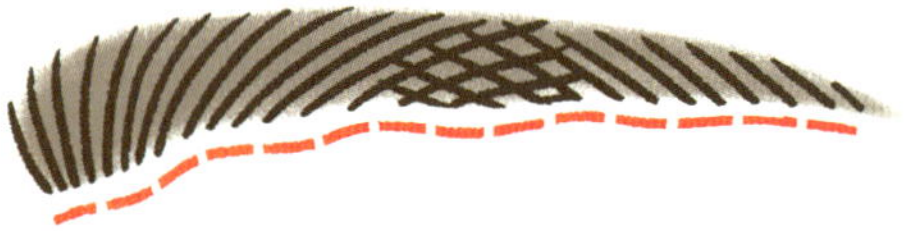

○ 下はしっかり揃え、上はふわっとぼかす

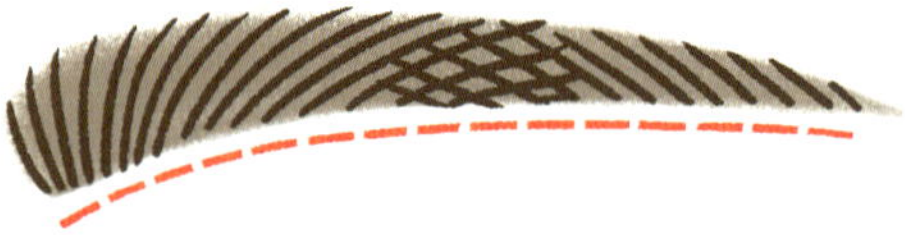

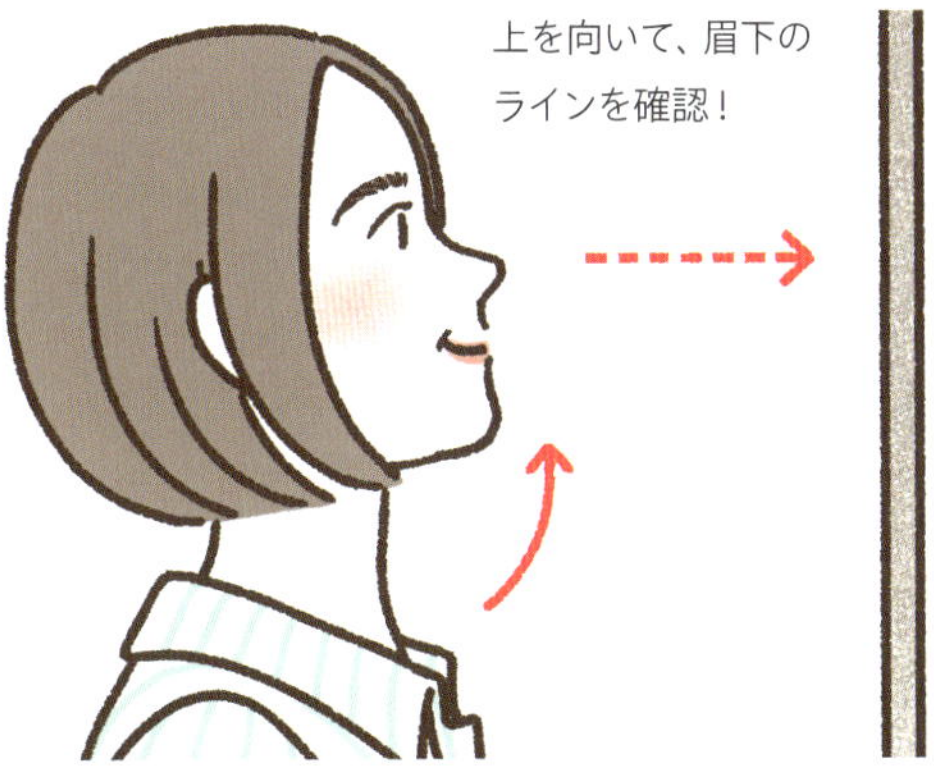
鏡を見るときに少し
上を向いて、眉下の
ラインを確認！

描いた眉毛が、なんとなくボサッとしていると感じたら、「眉毛の下のライン」がガタガタしていないかチェックを。

眉毛の下には頭蓋骨の目のくぼみがあります。一見平面に見えても眉下のラインは見えにくく、正面だけ見て眉毛を描いていると、眉毛の下のラインがおろそかになってしまいます。鏡を見るときに少し顎を上げると眉下が見えるので、下のラインが揃っているか確認しましょう。

眉毛の下ラインがキレイに揃っていると、眉毛にメリハリが出るだけでなく顔全体の印象もキッチリ上品になり、美人度がアップします！

# 09

# たれ眉は老けて見える！
# 眉頭と眉尻が同じ高さ、
# それが大人眉の正解

✕

眉尻が上がっている

眉尻が下がっている

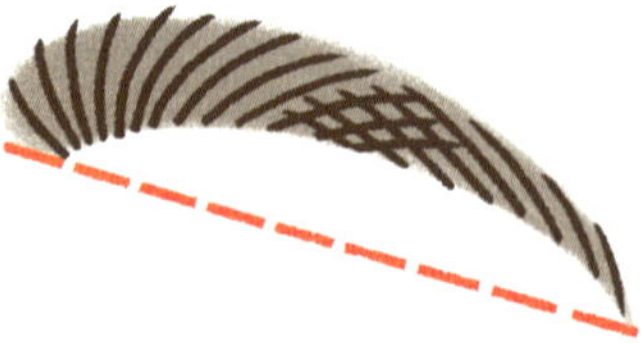

○

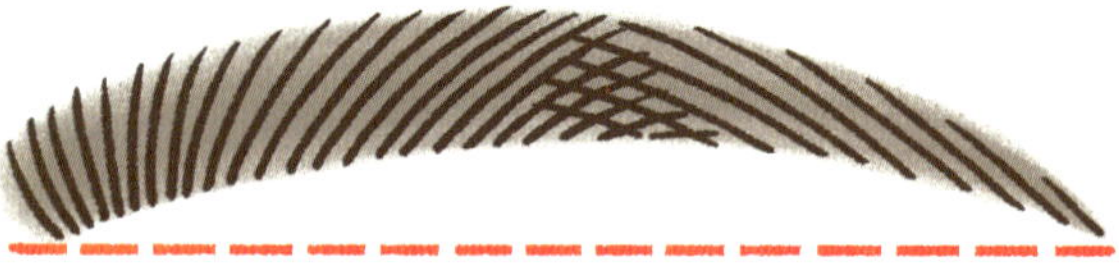

眉頭と眉尻は高さを揃える

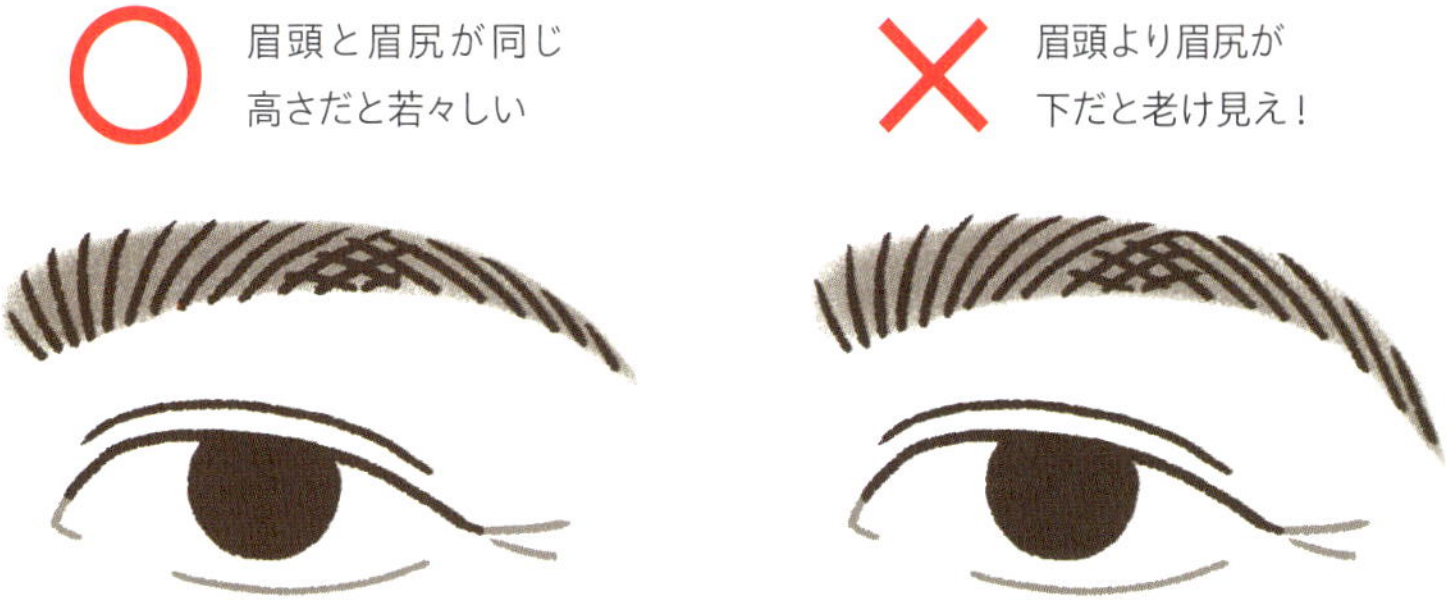
眉頭と眉尻が同じ
高さだと若々しい
眉頭より眉尻が
下だと老け見え！

眉毛は若い頃からずっと描いているので、同じ描き方のまま変えていないという方も多いはず。だとしたら、若い頃とちょっと印象が違ってきているかもしれません。

大人世代はだんだん目尻が下がってくるので、眉尻まで下がると、たるんで老け見えしてしまいます。眉尻は眉頭より下にならないよう、眉頭と同じ高さに揃えます。また、上がり眉はキツい印象に見え、目と眉の間も広くなってしまうので、結果として老け見えになってしまいます。眉尻の上がりすぎにも気をつけましょう。

鏡で正面だけを見ていると、眉尻側までよく見えません。顔を左右に動かして、側面の眉まで確認して仕上げます。

# 10

# ペンシルで描いた眉毛でも眉頭をぼかすだけでいい感じに

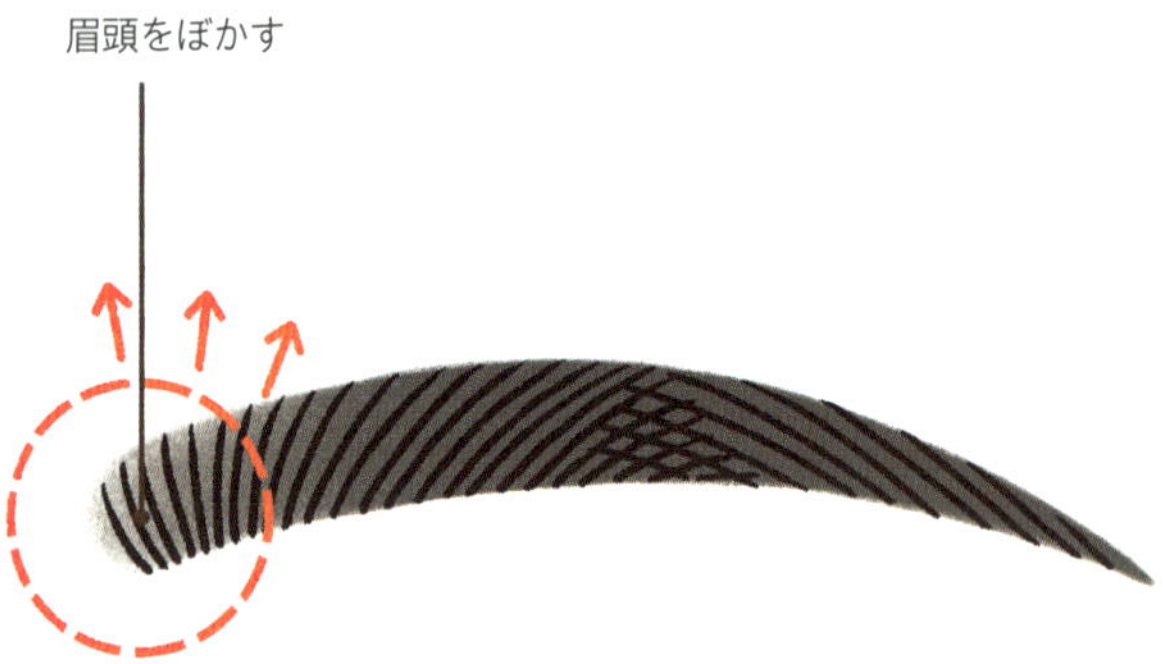
眉頭をぼかす

スクリュー
ブラシや
綿棒を使う

ペンシルだけでも
ぼかすと違うのねぇ！

眉毛はアイブロウパウダーとペンシルの両方を使うとキレイに描けるのですが、これまでペンシルだけで描いてきた人は、「2つ使うのはちょっと難しそう」とか、「アイブロウパウダーは使ったことがないので抵抗がある」と感じるかもしれません。

そこで、どうしてもペンシルだけで描きたい人は、眉頭を「ぼかす」ことをしてみてください。

眉頭からペンシルでしっかり描くと、唐突に眉毛が始まって貼り付いたように見え、くっきりハッキリしてキツく老けた印象になりがちです。

ペンシルで描いた後、最後にスクリューブラシや綿棒などで眉頭をぼかして馴染ませましょう。眉の形や描き方を変えなくても、ぼかすだけで肌に馴染み、自然に生えているように整います。

最後にスクリューブラシで眉毛全体をとかし、毛の流れを整えれば、仕上がりが格段にアップしますよ。

# 11

# 描く前にパウダーでおさえれば眉毛は消えません

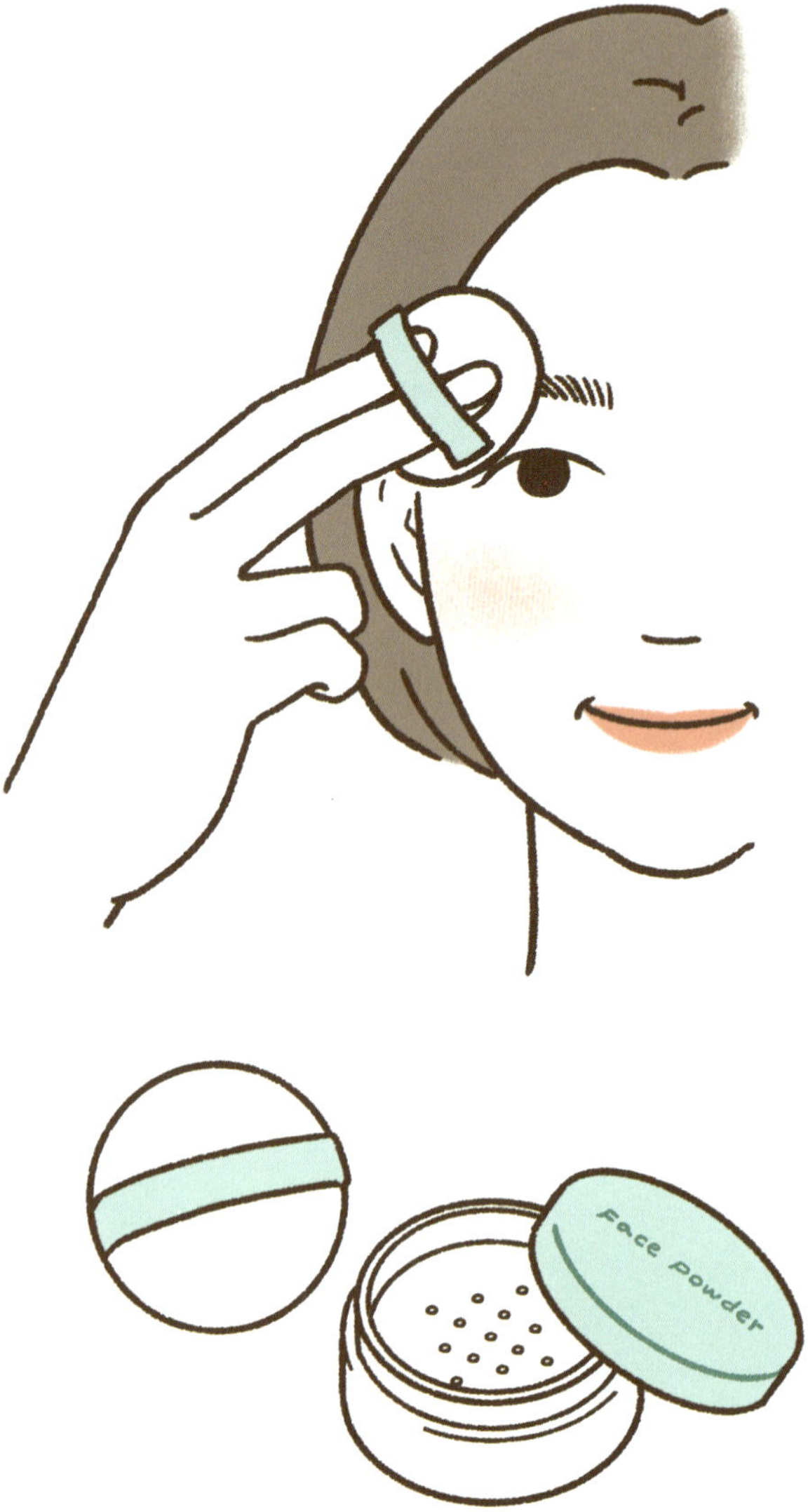

ほんのひと手間で
眉毛が長持ち！

「眉毛を描いても消えちゃうのよ〜」「そもそも眉毛にペンがのらない！」というお悩みをよく聞きます。

原因は、スキンケアが馴染む前に描いているか、皮脂（油分）が残っている状態で描いているかのどちらか。濡れている場所や油の上にペンで描いてもインクがのらないのと同じです。

眉毛は毛があるので皮膚が見えにくいのですが、まずはペンがのりやすいキャンバスを作ることが大切。このひと手間が眉毛の仕上がりを大きく左右します。

まずはフェイスパウダーで眉毛をおさえて、水分や皮脂を取り除きましょう。毛が生えていないところは、ファンデーションを下地として塗ることで、眉毛のキャンバスを整えます。フェイスパウダーでおさえたら、眉毛をコームでとかし、余分な粉を取り除いてから描くことも忘れずに。

12

# 眉毛の形を整えるなら描いてからカットする

**Before**

眉毛を描く前だとどこを切って
いいかわからない！

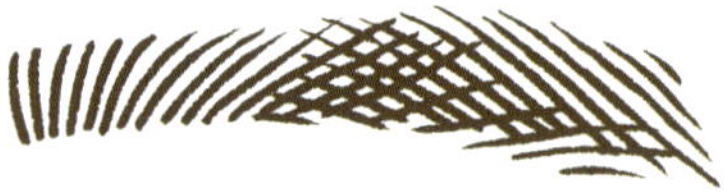

**After**

描いた後は「いらない部分」が
はっきり

「眉毛の形をカットして整えたいけど、どこを切っていいかわからない」という方は、すっぴんの状態でカットしようとしていませんか？　眉毛は描かないと切る場所がわかりません。

眉毛を描いてみると、「いる部分」と「いらない部分」がわかります。描いた眉からはみ出しているところは「いらない部分」です。

コームでとかして、描いた眉毛から

眉毛のカットは慎重に！
１～２本でも印象が変わる

はみ出してきた部分をカットしていくのですが、眉毛の上側を整える場合は注意が必要です。眉毛の上側にはみ出している毛は、穴が空いたように見えてしまうことがあるので、一気に抜いたり切らないようにしましょう。切ってしまうと後戻りはできません。最初はコンシーラーで消してみて、眉全体のバランスを見ることをおすすめします。

どうしても描く前に整えたい場合は、極端に長い毛やまぶたのうぶ毛だけを整えます。

# 13

# 眉頭は目頭より少し内側にすると ぼやけた顔の印象がはっきり！

年齢を重ねると、頭蓋骨が痩せて皮膚がたるんでいき、顔のパーツが少しずつ外側に広がっていきます。眉毛も外側に引っ張られ、眉と眉の間が広くなってきます。

大人世代のメイクすべてに言える基本ですが、お顔のパーツを中心に寄せることでキュッと引き締まり、若々しく見えます。眉毛も同様、内側に寄せて補整していきましょう。

アイブロウパウダーを使い、眉頭が目頭

若い世代

若い世代は顔のパーツが
中央に寄っている

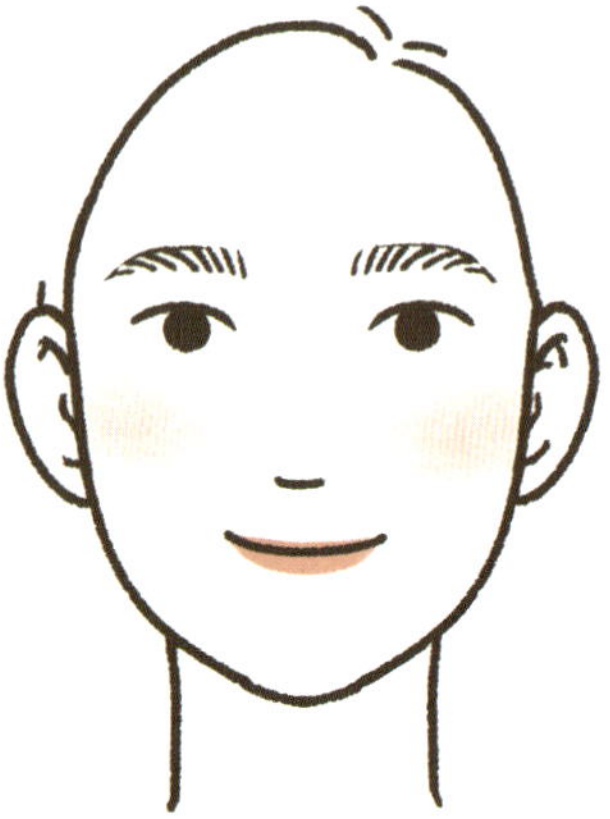

## 大人世代

**After**

眉頭を目頭よりも内側に入れると、
若々しい印象に！

**Before**

大人世代は、パーツが外側に
広がってくる……

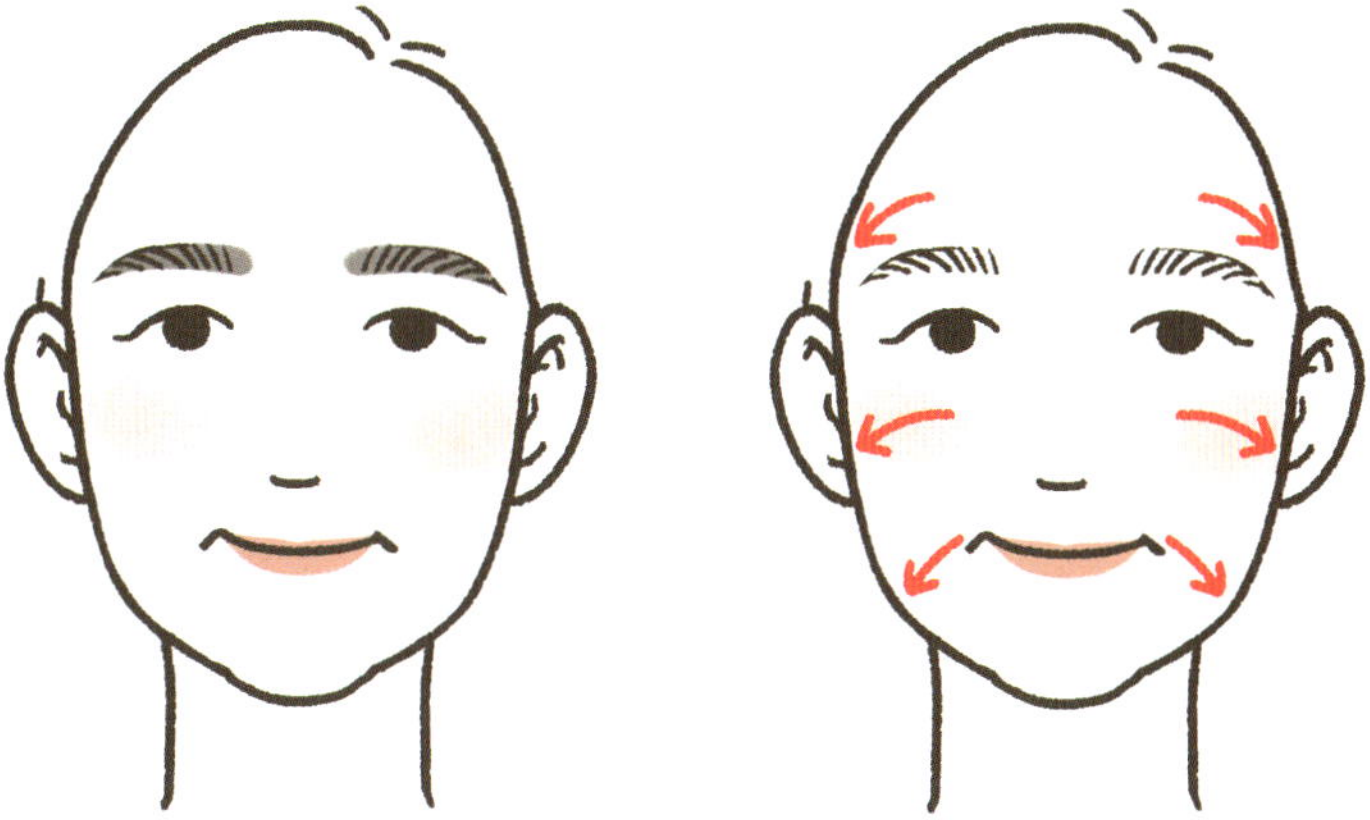

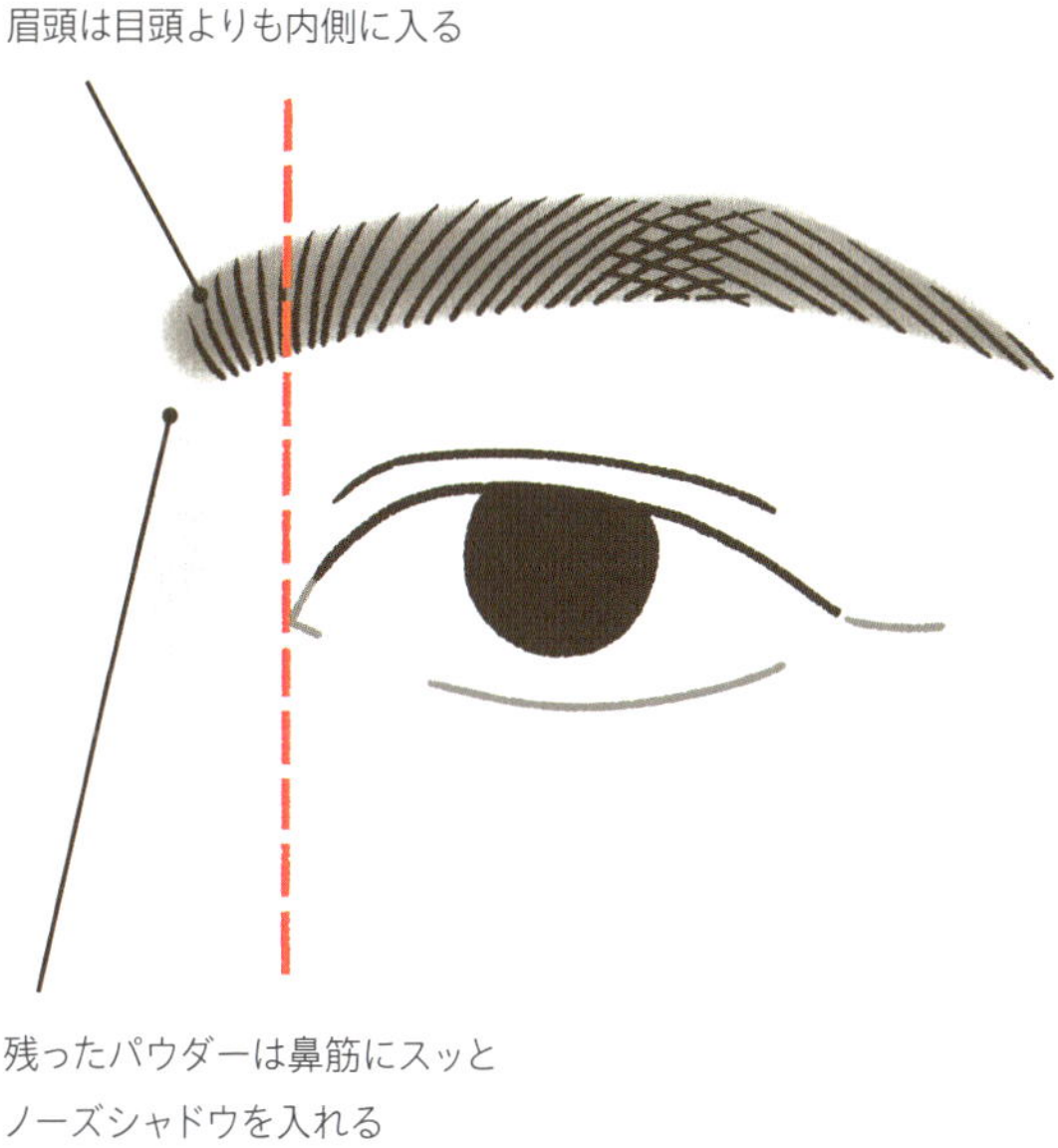
眉頭は目頭よりも内側に入る
残ったパウダーは鼻筋にスッと
ノーズシャドウを入れる

よりも内側に入るようにぼかしていきます。残ったパウダーは鼻筋にスッと陰影を入れて立体感を出していきます。

# 14

# 眉尻と髪の生え際の余白を埋めると小顔に見える

眉尻のゴールデンバランス
＝ 小鼻と目尻を結んだ延長線上

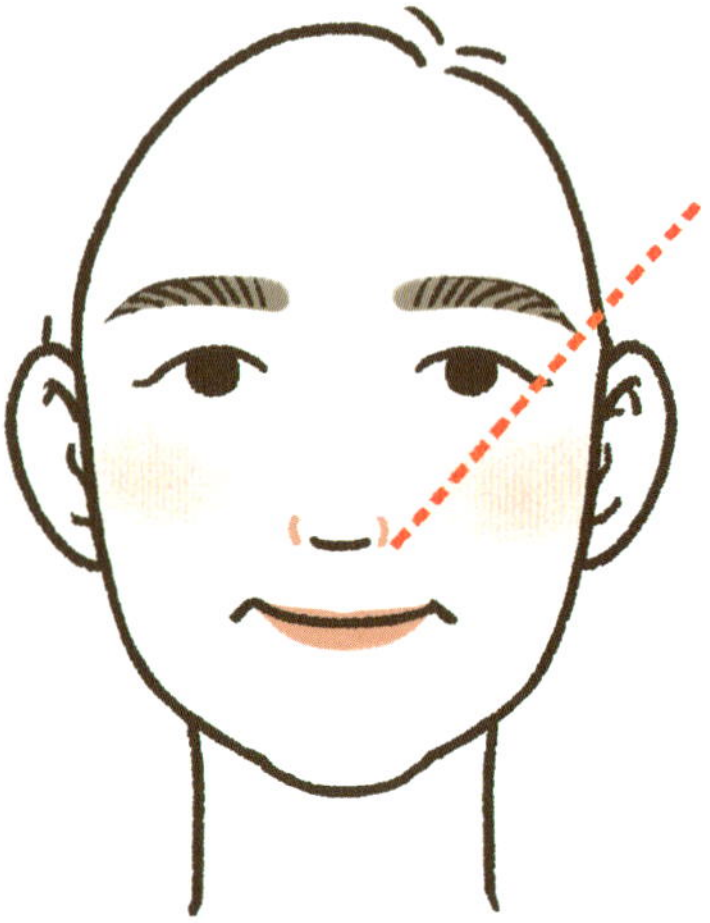

眉毛の長さに関しては、みなさん長年描いてきているので、自分なりの気に入ったバランスがあるかと思います。

基本的には、小鼻と目尻を結んだ延長線上に眉尻がくるのが、「黄金比」と言われる長さ。ペンシルなどを当ててみて、ご自分の眉の長さがそれに比べてどうなっているか確認してみてください。

×

眉毛が短いと
余白が大きく見える

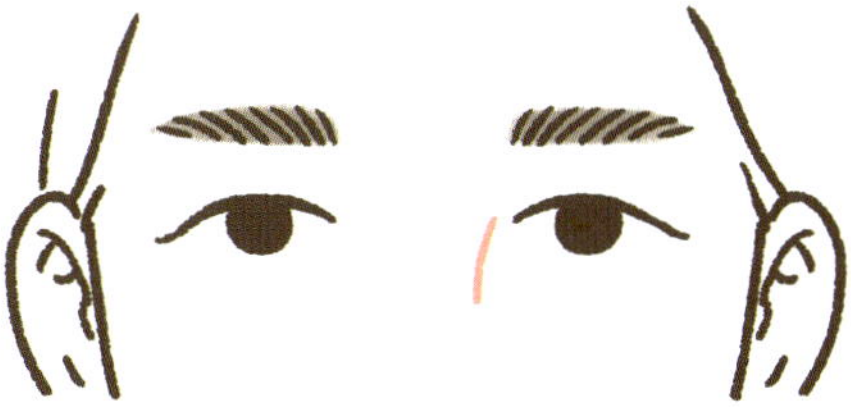

○

理想のバランスにすると
余白が埋まる

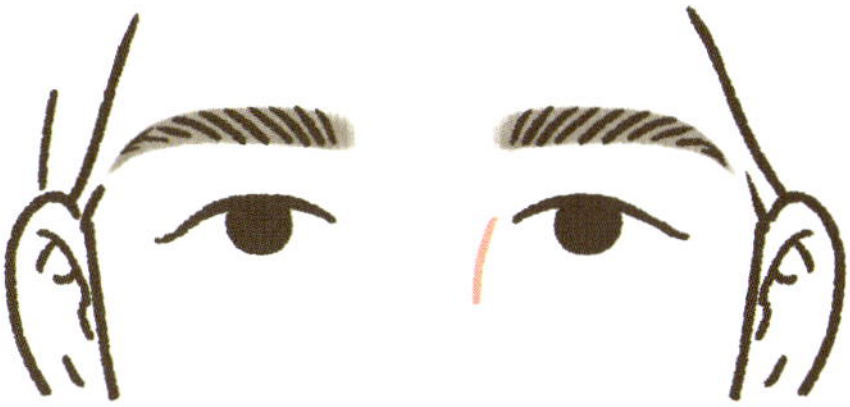

最近では眉尻の位置を、口角と目尻の延長線上にしたりすることもありますが、大人世代は従来の黄金比がおすすめ。なぜなら、サイドから見たときに眉毛がないと、顔の余白が広く見えて、たるみや長さが目立ってしまうからです。眉毛を理想のバランスにして顔の余白を埋めることで小顔に見せることができます。

長めの眉毛を描くときは、眉尻が下がらないように注意しましょう。眉尻が下がるとたるんで見えるので、スッと平行に伸びるように描いていきます。

# 15

# 眉山の位置は2：1にすると
# バランスよく描けます

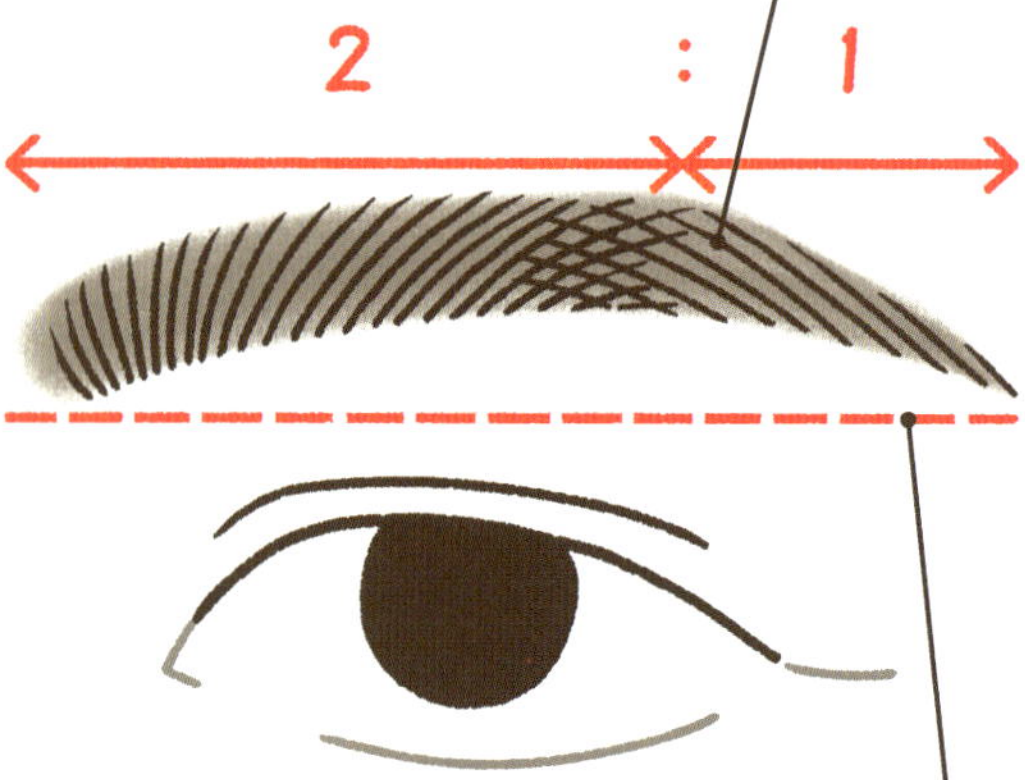
眉山は黒目の端から目尻
までの間に入るように
2
：
1
眉頭と眉尻の高さは揃える

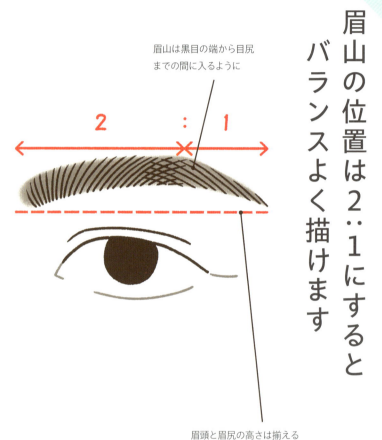

2:1にするだけで
垢抜ける！

眉毛の一番高い「眉山」の位置は、眉毛の形の決め手になるので、お悩みの方も多いかと思います。

眉山までが1：1の三角眉になっていたり、そもそもどこにすればいいかわからない……という方は、**「眉山の位置は2：1」**と覚えておきましょう。**眉頭から眉山までの長さが2、眉山から眉尻までの長さが1くらい**にすると、形のいい眉毛に整います。

1：1だと眉山から先は眉尻に向かって下がるしかなく、黄金比で描くとかなりの下がり眉になってしまうのでNG！

# 16

# 眉の位置を下げれば見た目年齢マイナス5歳

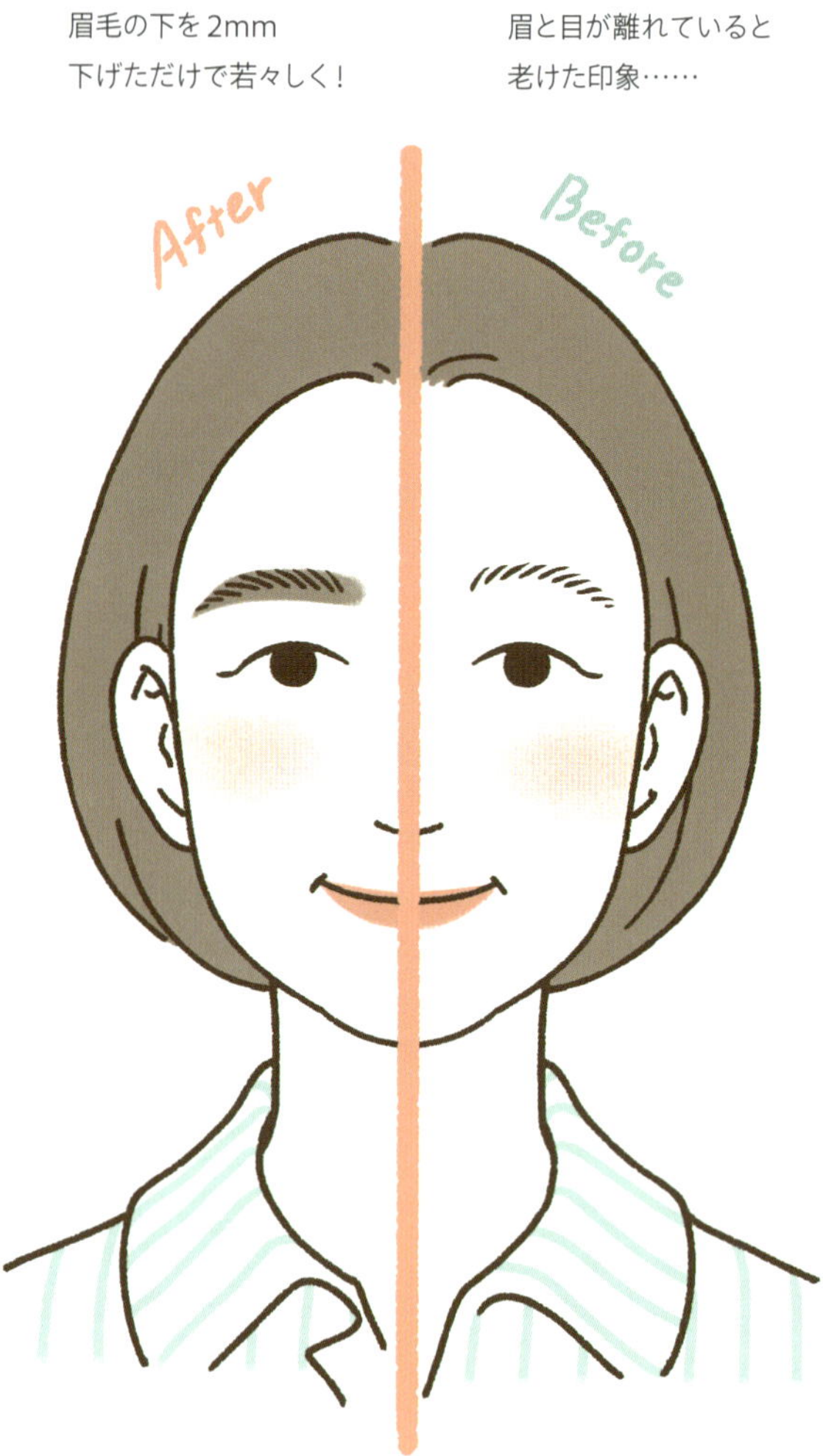
眉毛の下を2mm
下げただけで若々しく！
眉と目が離れていると
老けた印象……
After
Before

顔を半分隠してみると、右と左で印象が違う～！

年齢とともに、眉毛と目の位置はだんだん離れていきます。その理由は、

・目が悪くなるので、ギュッと目を見開く癖がつき、眉毛が上に上がってしまう
・まぶたが落ちてきて、目の位置が下がって見える

この2つが大きいです。離れてしまった眉と目、ここを近づけるだけで、ぐっと若々しく見えるようになります。

眉の下側にアイブロウパウダー、アイゾロウペンシルで描き足して眉毛全体を2ミリ下げると、目と眉の距離が縮まってまぶたの余白が減り、5年前の目元に！

ただし、「眉尻」まで下がると困り眉になるので、眉尻は下げないようにしましょう。

# 17

# 自分の眉毛のゴールを決める。そうすれば迷子になりません

「なんとなく眉毛を描き始めたものの、どう描いていいかわからない」という方、とても多いです。まずは自分の眉をじっくり観察して、理想の眉バランスに対してどうなっているか、観察してから眉を描き始めるようにしましょう。

私はお客様にメイクをしているとき、お悩みをいろいろとお聞きしながら、視線はお客様の眉毛をじっくりと観察しています。眉頭が上がっているから、少し下げて描こうとか、左右の眉頭の高さが違うから、まずは高さを揃えようとか。頭の中で、どこが問題でどう解決していくかという設計図が描けたら、あとはそのゴールに辿り着くように、足りない部分を補ったり、必要のない部分を隠したりカットしていくだけ。とにかく設計図を描くことが大切です。

眉毛はベースメイクと違って、綿棒で消せば描き直すことができるので、理想の形になるまで描き直せばOK！　自分の眉毛を知り、プランを立てるまでは時間がかかるかもしれませんが、慣れれば1分で描けるようになります。

まとめ2

# 大人のお悩み別 眉毛の図鑑

よくありがちな眉毛の形とお悩み、その解決方法をまとめました。鏡を見ながら、自分と似ている眉毛を探してみましょう。

### 眉頭しかない

ブラウンのアイブロウパウダーで
下書きし、毛のないところに
グレーのペンシルで毛を足す。

### 角度のあるアーチ眉で キツく見られる

アーチの下側に毛を描き足して、
角度を緩やかに。

### 表情の癖や眼瞼《がんけん》下垂で 目と眉が離れている

眉の下側を描き足し、
眉毛を下げて余白を埋める。

## 上がり眉でキツく見られる

眉頭の角度をなだらかにして
印象を和らげる。眉頭は上側、
その先は下側を描き足す。

## たるみや表情の癖で眉頭と眉頭の距離が開き、老けて見える

アイブロウパウダーで眉頭の内側を
描き足し近づける。

## 下がり眉、ハの字眉で困って見える

眉頭は下側を、その先は
上側を意識して描き足す。

## 眉尻が下がり老けて見える

眉頭と眉尻の高さが同じになるよう
意識して描く。必要に応じて
眉尻をカット。

## 左右の眉毛が非対称

はじめにベージュのパウダーで
眉頭の高さを揃える。

## 眉がしっかりしているから何もしていない

手と毛の間の地肌を
アイブロウパウダーで埋めるだけで、
整っている感に。

Column 2

# グレイヘアの眉の色はアッシュブラウン

グレイヘアの方は、眉を描くときの色をどうするか、お悩みではないでしょうか。グレーをのせるとなんとなく野暮ったく老け見えするし、ライトブラウンをのせると眉毛だけ浮いて見えてしまいがち。

一番キレイに馴染むのは、アッシュ系のブラウンです。グレーとブラウンの間のような色で、グレイヘアと眉の色が自然に馴染みます。髪と眉の色が整うと顔全体の印象もメリハリのあるバランスのとれた印象になります。

厚塗りをやめる。
それがベースメイクの
お悩み解消の近道。
50代からは
色白より透明感！

01

# シミは全部消さなくて大丈夫。「ツヤ感」があればぐっと若見え

ファンデーションの厚塗りは、
シミは消えても素肌感がなく
老けた印象に……

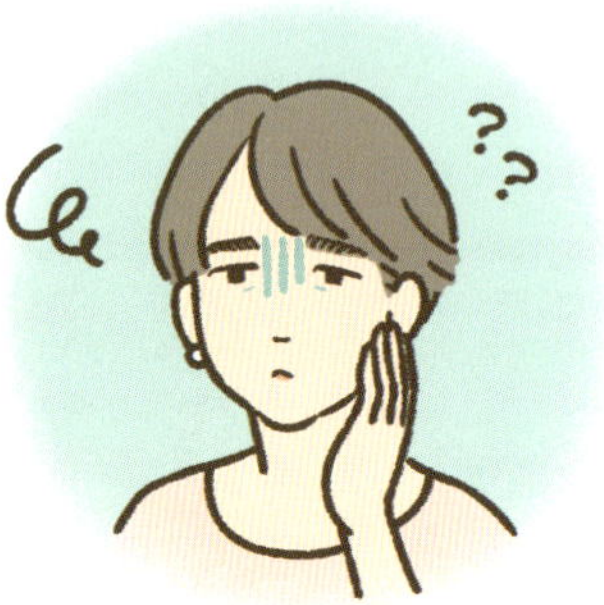

シミがあっても
ツヤがあれば
若々しくキレイ！

お肌のお悩みの中でもとても多いシミ。完全に消そうとして、ファンデーションを厚く塗りがちですよね。でもそれは逆効果。ファンデーションを塗りすぎると、素肌感が失われてマットな肌になり、お化粧感が強く老けた印象になってしまいます。「シミがなくツヤのない肌」と、「多少シミがあってもツヤがある肌」とでは、ツヤのある肌のほうが断然若くキレイに見えます。

ファンデーションを塗りすぎてしまう原因は大きく2つ。1つは顔のシミだけを見ているから。服装や髪型を整えて全体のバランスが整うと、シミはさほど気にならないものです。最初から100％シミを消そうとせず、ベースメイクを70％程度仕上げたら、引いて全体のバランスを見ることが大切です。もう1つは、ファンデーションでお肌の悩みすべてを隠そうとするからです。下地、チーク、ファンデーションにはそれぞれ役割があり、適材適所に使えば、少しの量でシミが目立たずツヤ感もある肌に仕上げることができます。シミもくすみもすべてファンデーションで隠そうとすると、どうしても量が多くなって厚塗りになってしまいます。

# 02

# くすみ肌を「明るく見せよう」と明るいファンデを塗ると逆に老けて見える

**Before** 明るすぎるファンデーションは
顔と首の色が違い、顔だけ浮いて見える……

「肌を明るく見せたいのよ〜！」とおっしゃる方はとても多いです。

でも、明るくしようとして顔全体に明るいファンデーションを塗ると、顔と首の色に差が出てしまい、顔だけが白く浮いてしまうことに。顔がのっぺりすることで、たるみが強調され、顔が大きく見える原因にもなります。また、くすんでいるお肌に白色がのるこ

**After** 肌色に合ったファンデーションは
自然な感じで元気そう！

とで、より肌のくすみが日立ち、顔色が悪く見えてしまいます。

白い肌がよいと思う理由は、若い頃に白マット肌がブームだったので、「白い肌は正義」という先入観があるから。もうひとつは、年齢とともに肌がくすんで暗くなり、なんとなく元気がなく見えるので、明るいファンデを塗れば明るく見えると思っているから。

でも、大人世代は、色白を目指すのではなく、自分の肌の色に合ったファンデーションを選ぶのが正解。大人世代は「色白」より「透明感」のある肌を目指して！

03

# 下地は顔全体に均一に塗るのではなく「くすんでいるところ」を中心に

Before

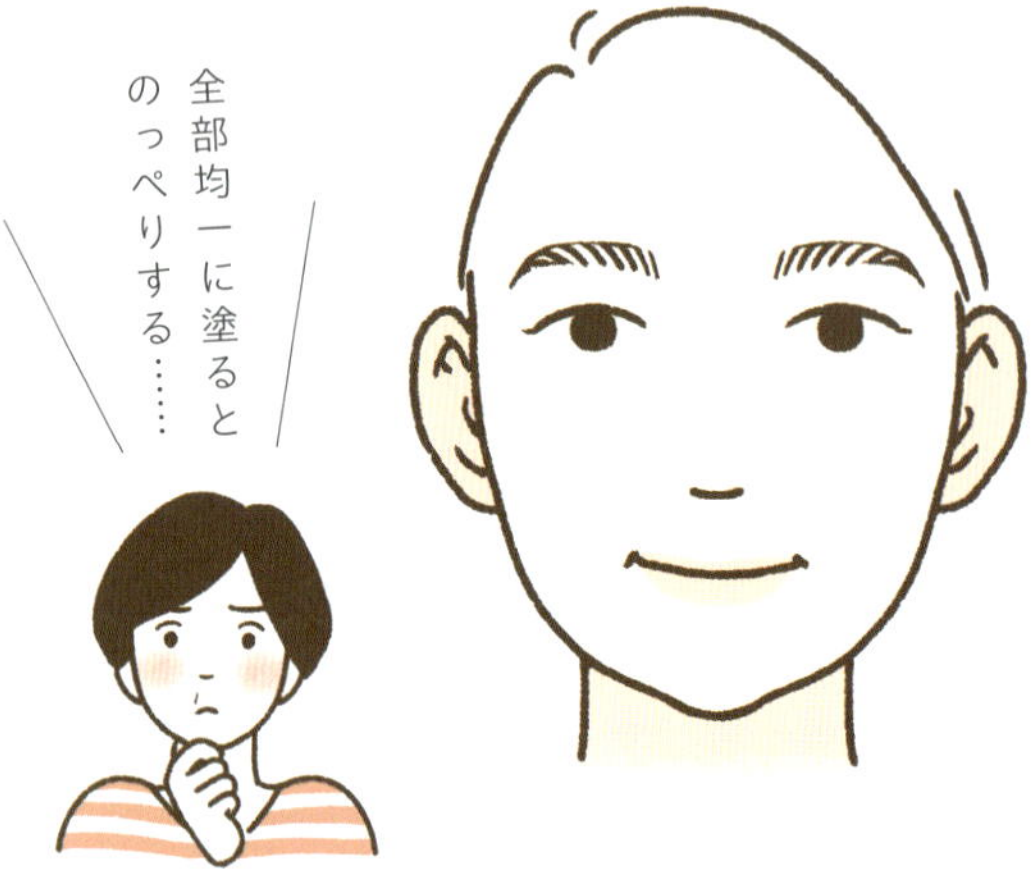
全部均一に塗ると
のっぺりする……

After

くすんでいる
ところから
伸ばすとキレイ！

下地を塗った後、「なんだかのっぺりして、白浮きしている……」と感じることはありませんか？　だとしたら、下地を顔全体に均一に塗っていることが原因かも。また、お顔にはくすんでいる部分や影になっている部分があるので、全体に均一に塗ると、明るい部分と暗い部分が同じように明るく持ち上がってしまい、くすみや影が気になってしまうことも。

下地は肌の明るさと色味を調整するもの。くすみなど暗さが気になるところから塗り始め、薄く伸ばしていきましょう。そうすることで、肌のくすんでいる部分とそうでない部分のトーン差が埋まり、キレイな素肌に見えます。また、外に向かって自然に下地の量が少なくなるので、お顔の中心は明るく、輪郭部分は暗くなり、小顔に見える効果が得られます。

下地を塗るときは、まずくすみがちだったり影に見えやすいまぶたや目の下、口角、ほうれい線の始点など明るく仕上げたい部分に置きます。そこから外側に向かって全体に伸ばしていきましょう。伸ばすときは、薬指と中指を使って伸ばすと圧がやさしくなるので、お肌への負担も軽減されます。

# 04

# ちゃちゃっと元気そうに見せるならオレンジベージュの下地を選ぶ

**Before**　下地を塗る前はくすみがちなお肌も……

化粧品売り場で下地を選ぶとき、いろいろな色味があるので、選ぶのに迷ってしまいますよね。みなさんはどんな色味を使っていますか？

迷ったらオレンジベージュを選びましょう。オレンジベージュは肌馴染みがよく、血色感を足しつつくすみをカバーしてくれるので、大人の肌のお悩みを解決してくれ

**After** オレンジベージュの下地でくすみをカバー、血色もよくなる！

る万能カラーです。

ラベンダーやパープルの下地は補色効果でくすみをカバーしてくれるのですが、塗る量や場所を間違えると、顔が白浮きして血色感のない仕上がりになってしまうこともあります。

簡単に元気そうな印象に仕上げたいなら、オレンジベージュの下地を選ぶのがおすすめです。

# 05

# シミや肝斑はオレンジのコンシーラーで消せる

**Before** コンシーラーを塗る前は
シミや肝斑が目立つお肌も……

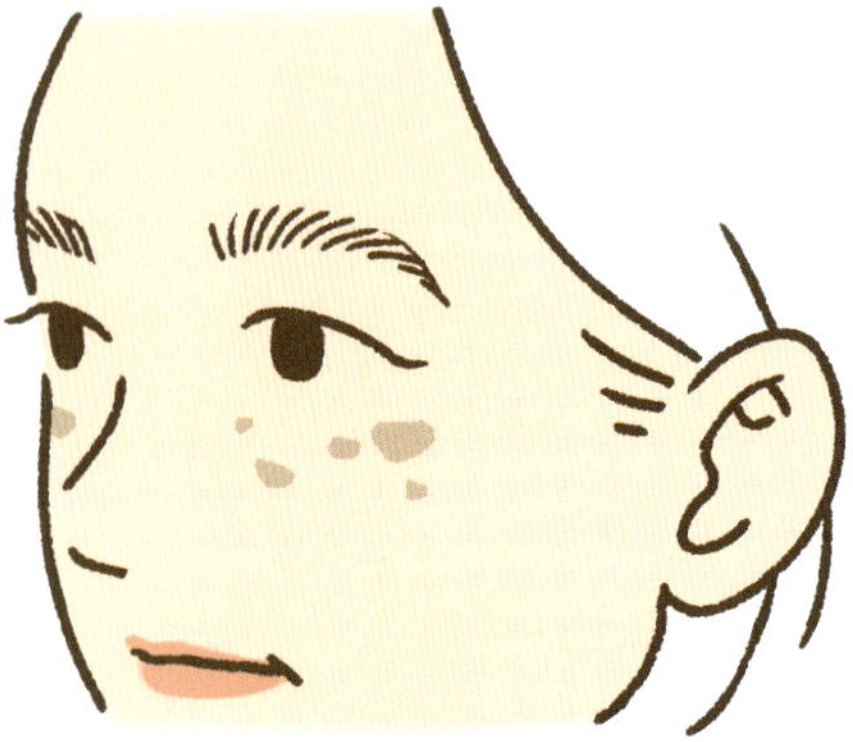

肝斑やシミのお悩みはとても多いです。とくに肝斑は範囲が広いだけに、「塗ってもなかなか消えないのよ……」とみなさんおっしゃいます。

消えないとおっしゃる場合、だいたい明るいベージュのコンシーラーを使っていることが多いもの。正解は、「オレンジ」のコンシーラーです。

一見、明るいベージュのほうがカバーできるように感じるかもしれま

**After** オレンジのコンシーラーを塗ると
シミや肝斑の色をしっかり補整できる！

せんが、肝斑やシミの茶や黒の色と混じりグレーっぽくなってしまいます。消えないのでさらに厚く塗ってしまい、そこだけかえって目立ってしまう……ということになりがちです。

肝斑やシミなど、茶や黒の色味は、オレンジのコンシーラーでカバーしましょう。オレンジが茶色く暗く見える肌を補整しながら、血色のある肌に見せてくれます。

# 06

# 肝斑や茶グマを消すための
# コンシーラーはファンデーションの
# 前に「仕込む」とキレイ

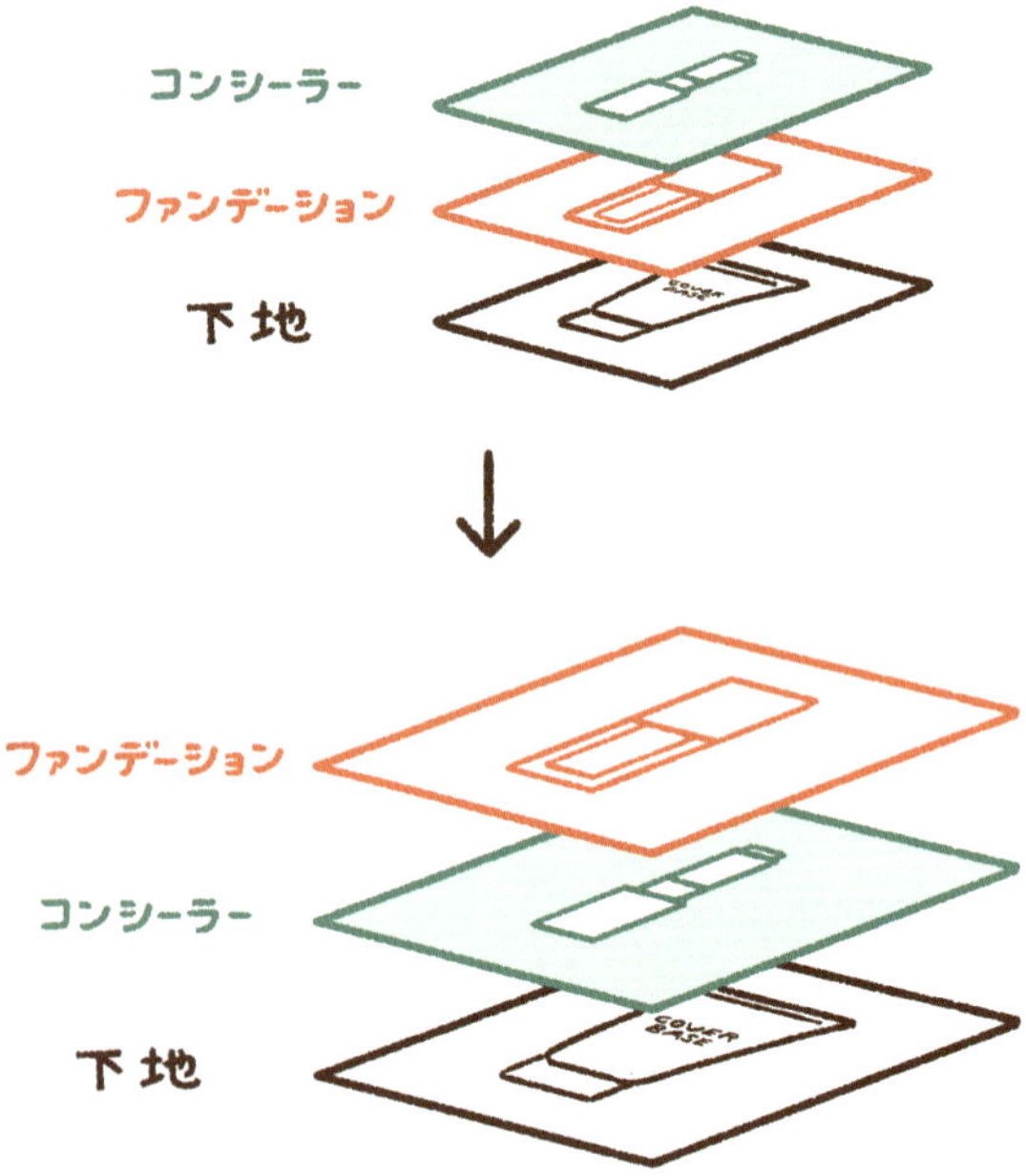


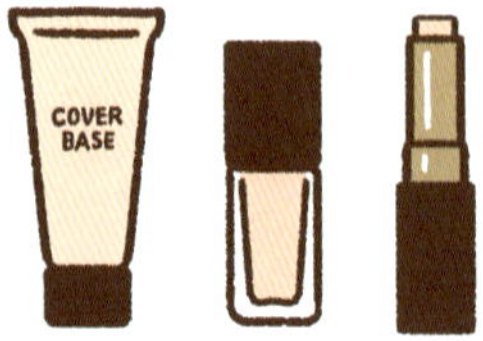

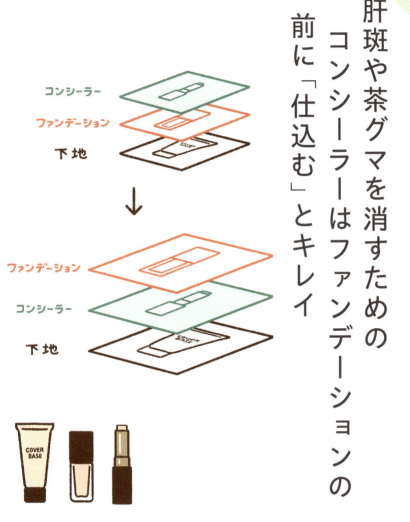

シミや肝斑、クマなどを隠すコンシーラー、みなさんはどのタイミングで使っていますか？　ファンデーションを塗ってベースを整えた後に、まだ消えていない部分に塗っている方が多いと思います。

じつは、肝斑や茶グマなどを消すためのコンシーラーは、ファンデーションの前に「仕込む」とキレイに仕上がります。

①「下地」→②「ファンデーション」→③「コンシーラー」ではなく、

①「下地」→②「コンシーラー」→③「ファンデーション」の順です。

肝斑カバーのオレンジのコンシーラーは色補整として使います。コンシーラーで肌の色補整をして、ファンデーションで全体の肌色を整えていきます。一方、ピンポイントのシミを隠すコンシーラーは、先に塗るとファンデーションを塗ったときにはがれてしまう可能性があるので、後から塗ります。

# 07

# シミを消すときは、コンシーラーは指ではなくブラシで「置いていく」

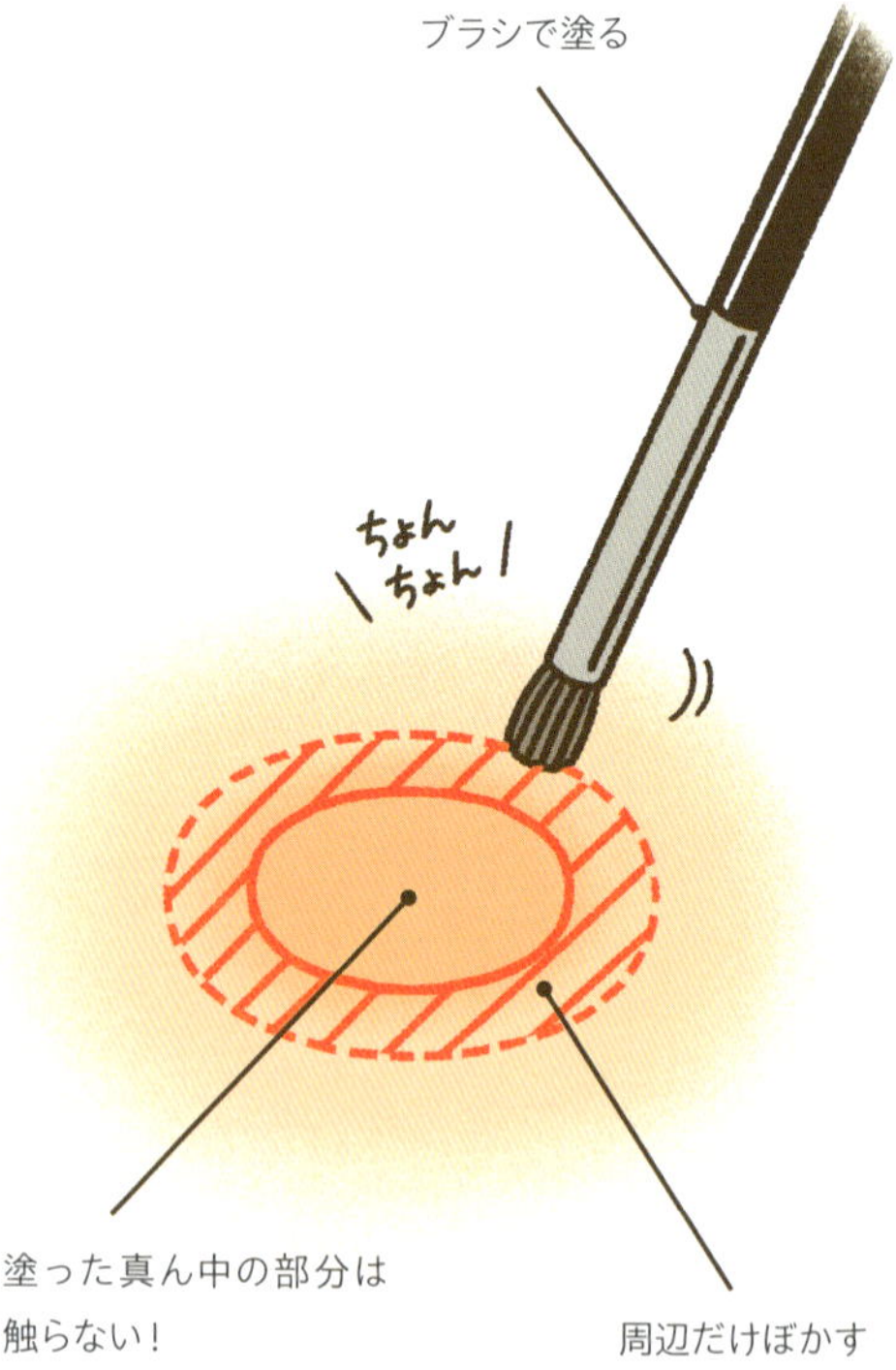
ブラシで塗る
ちょんちょん
塗った真ん中の部分は
触らない！
周辺だけぼかす

「コンシーラーが上手くつかない」「塗っても透けて見える」という場合、指で塗っているケースが多いようです。

指を使って塗るとムラになりやすく、指にコンシーラーが持っていかれやすいので、塗ってはとれて……の繰り返しになってしまいがち。

コンシーラーはブラシを使ってのせていきます。ブラシの先にコンシーラーを馴染ませ、ちょんちょんとシミが気になるところにのせていきましょう。「塗る」のではなく、「置いていく」感覚で、とにかくこすらないことが大事！

ブラシを使ってコンシーラーを置いたら、塗った部分の中心部は触らずに、周辺の輪郭だけを筆で馴染ませてぼかしていきます。イメージは目玉焼きの白身のところだけをぼかす感じです。

シミをカバーするときのコンシーラーは、リキッドタイプよりもカバー力があるクリームやスティックタイプがおすすめです。

# 08

# 化粧品を買い替えるなら
# まずはファンデーション

ファンデーションで
「今のメイク」に更新！

普段、お客様と接していると、ファンデーションはずっと同じものを使っている方がとても多いです。「昔から使っているから」「なんとなく」「同じものだと安心するから」などの理由です。

肌が変化して悩みが増えたのに、化粧品は昔のまま。でも悩みはあるし、どうにかしたい……。

それなら、ファンデーションを替えるだけで解消するお悩みはたくさんあります。化粧品を買い替えるなら、まずはファンデーションを買い替えてみましょう。ファンデーションひとつで、厚塗りでお化粧感のある肌から素肌のようなツヤ肌になれたり、白く浮いたような顔から立体感のある顔になれたりと、「昔のメイク」から「今のメイク」へ更新ができます。

# 09

# 10年間ファンデーションの明るさが同じなら、ひとつ暗めに替える

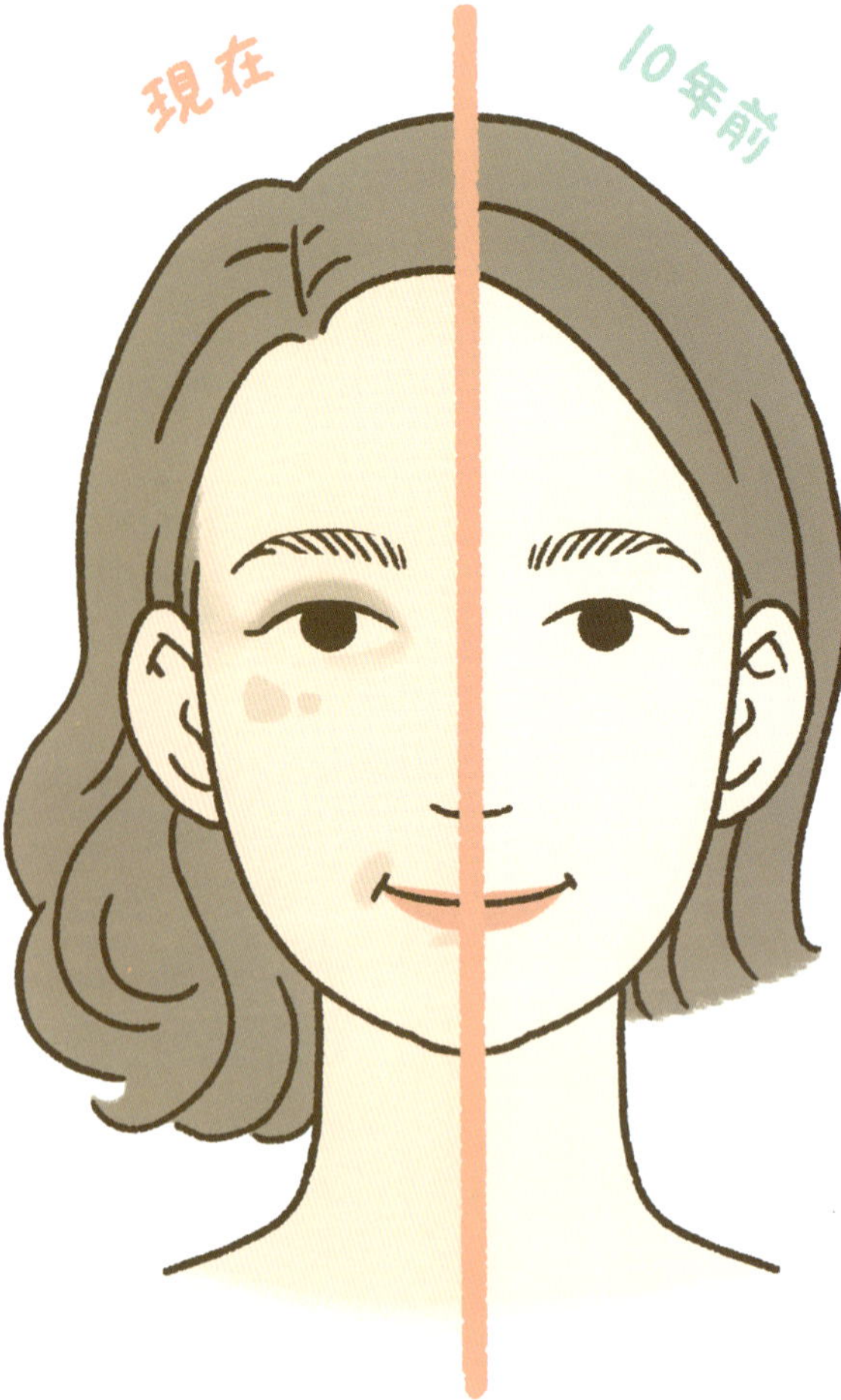

学生時代から
ファンデーションの
明るさを
変えてないかも！

年齢を重ねると、くすみやシミなどで肌色が少しずつ暗くなってきます。にもかかわらず、ファンデーションの明るさを長らく変えていないとしたら、肌の色に合わなくなってきているはず。最近、なんかしっくりこない、と感じるのは、それが原因かもしれません。現在の肌の色より、ファンデーションの色のほうが明るくなっていると思います。

肌より明るいファンデーションを塗ると、くすみとファンデーションの色が混ざり、顔色が悪く見えてしまいます。そのくすみをカバーしようとさらに塗るので、いかにもお化粧をしました、という白浮きした顔になりがち。

ずっと替えていないファンデーション、この機会にいつもより1段暗いものを選んでみてください。今まで使ってきた色味のまま、明るさだけ1段暗いものを選ぶだけで、ぐっと肌に馴染んでナチュラルな肌になるはずです。

# 10

# ファンデーションはリキッド系。老け見えメイクの悩みが全部解決！

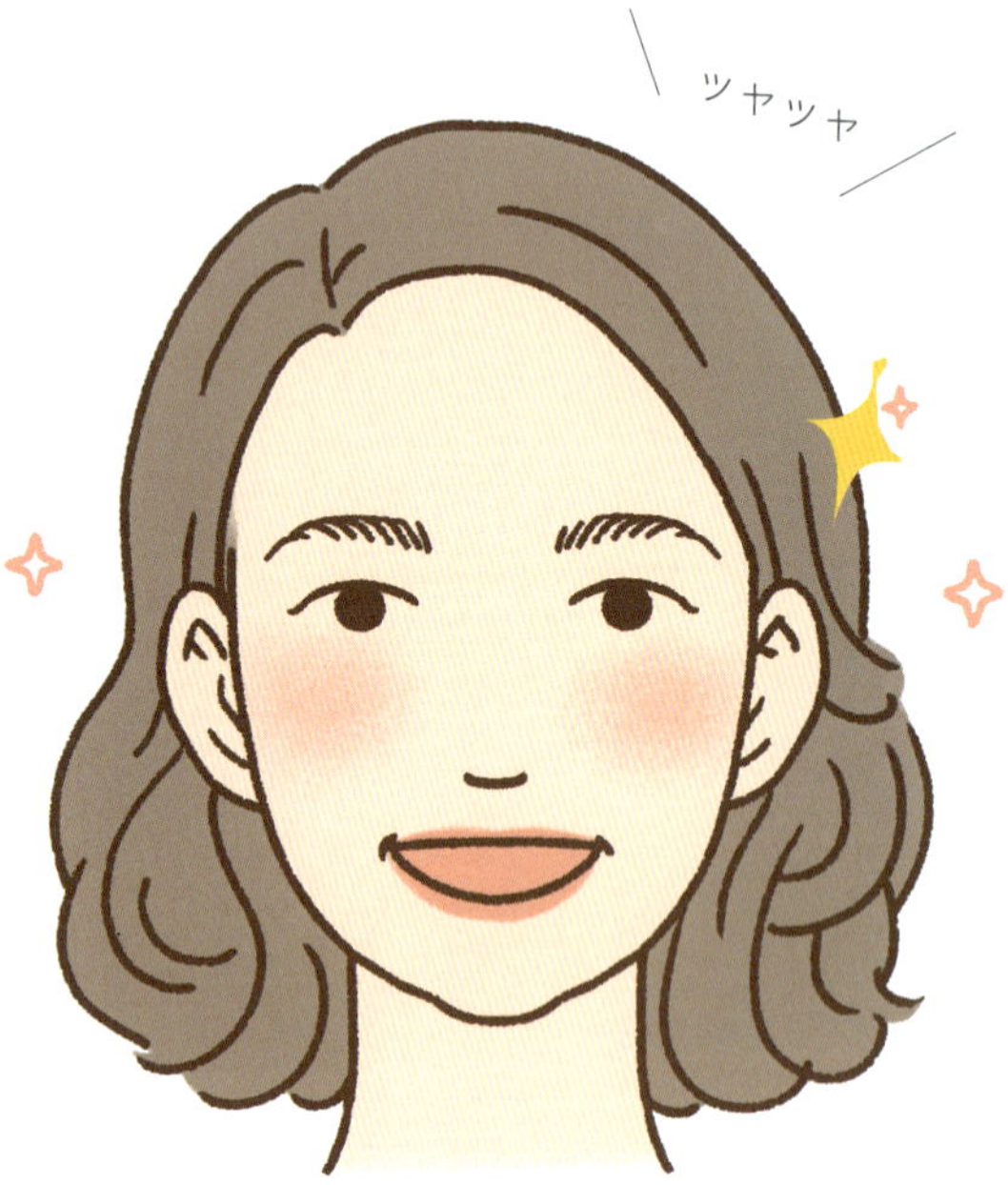
ツヤツヤ

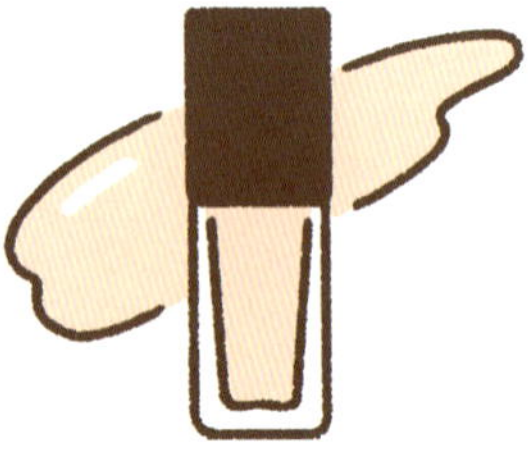
リキッド系は
ツヤ感が出る

ツヤ感のある
お肌はリキッドに
秘密があったのね!

若い頃にパウダーファンデーションが流行っていたので、今でもパウダータイプを使っているという方、けっこう多いと思います。じつはこれが、老け見えの大きな原因に。パウダー系は、塗り重ねていくとどんどんマットになり、「ツヤ感」から遠ざかってシワも目立ちやすくなります。

若々しい肌作りには、ツヤ感が欠かせません。それを叶えるのがリキッドファンデーション。様子を見ながら量を調整して重ねづけできるので、薄づきでツヤのある仕上がりに! カバー力もあり、気になるお肌の悩みも消してくれるので、大人の肌を元気に見せてくれます。

現在、パウダーファンデーションを使っているなら、リキッドファンデーションに替えてみましょう。「なんだかツヤがなくて老けて見える」というメイクのお悩みが一気に解消されます。

# 11

# スポンジは濡らして使うとファンデがお肌にフィット！

スポンジは水で濡らして
ギュッと絞る

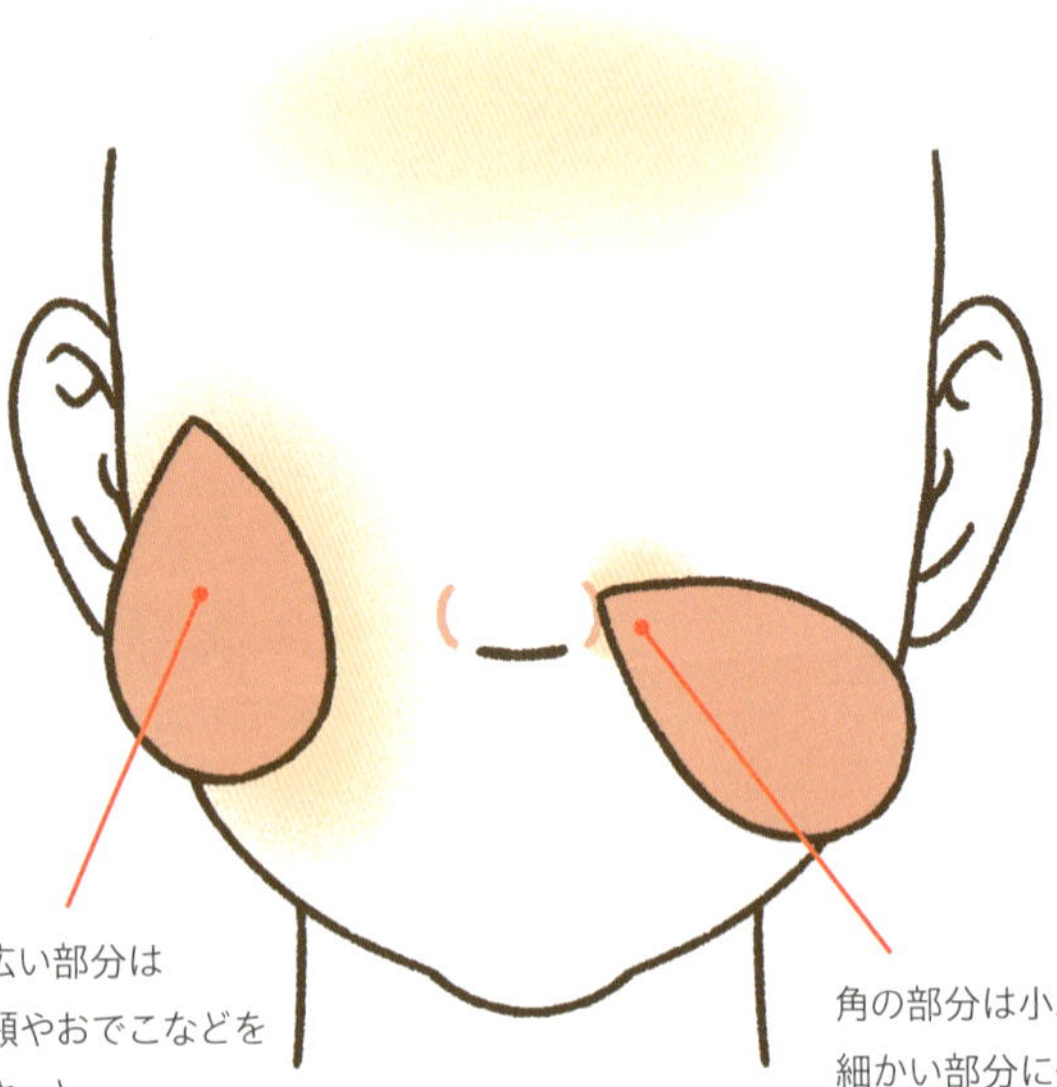
広い部分は
頬やおでこなどを
さっと
角の部分は小鼻など
細かい部分に使う

ファンデーションは指ではなく、スポンジで塗るとぐっとキレイに仕上がります。お客様にスポンジでファンデーションを塗っていると、「スポンジって、濡らすの？」と驚かれることがあります。そうなんです、濡らすのです。乾いたスポンジだと水分を吸収し、ファンデーションをたくさん吸ってしまうので、量が増える上にスポンジに均等につきません。スポンジに水を含ませることで、ファンデーションが染み込みすぎず、量のコントロールができるのです。

「濡らすとファンデーションが崩れそう」とおっしゃる方もいるのですが、じつはその逆。濡らしたほうがお肌にフィットして崩れにくくなります。よくメイクの最後にシュッとミストを吹きかけて定着させますよね。そのイメージです。

また、乾いたスポンジは摩擦が大きく肌へのダメージも大きいのですが、濡らすとそれが軽減されます。

スポンジを水で濡らしてからギュッと絞り、水がしたたらない程度の湿り具合にして使いましょう。広い部分は頬やおでこなどの大きな面、角や頂点は小鼻の周りなど細かいところを塗ると使いやすいです。

# 12

# 「こすって塗る」は思い込み。ファンデーションは「トントン塗る」と薄づきでキレイです

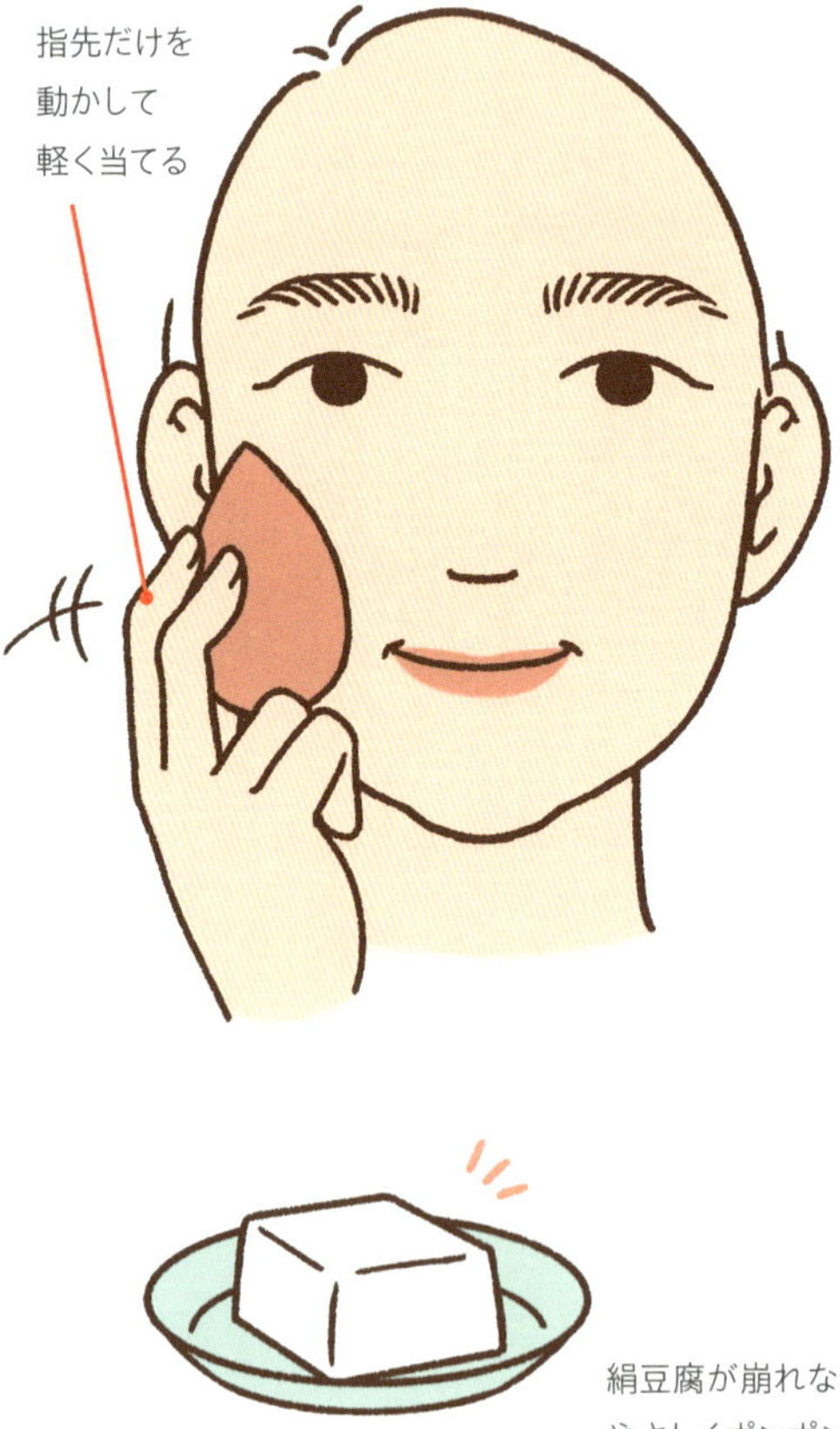
指先だけを
動かして
軽く当てる
絹豆腐が崩れないくらい
やさしくポンポン

肌をこすりながらファンデーションを塗っているみなさん！　その常識、非常識ですよ！　「トントン塗り」が基本です。

こすって塗ることのデメリットはいくつかあります。まず、「ムラ」になること。また、毛穴も埋まらず逆に目立ってしまったり、せっかく塗ったファンデーションがとれてしまったりします。

そして、肌へのダメージ。刺激が加わると皮膚はどんどん硬くなるので、ごわついた肌になっていきます。毎日刺激が与えられると、肌の老化が進んでしまいます。

スポンジは、トントン置くように顔の内側から外側に向かってファンデーションを馴染ませていきます。ファンデーションを肌にフィットさせていくイメージです。絹豆腐を扱うように、やさしく置いていきましょう。

フェイスラインから首元は、スッとやさしくすべらせるように馴染ませると、仕上がりに立体感を出すことができます。

# 13

# パウダーファンデーションとフェイスパウダーは別物です

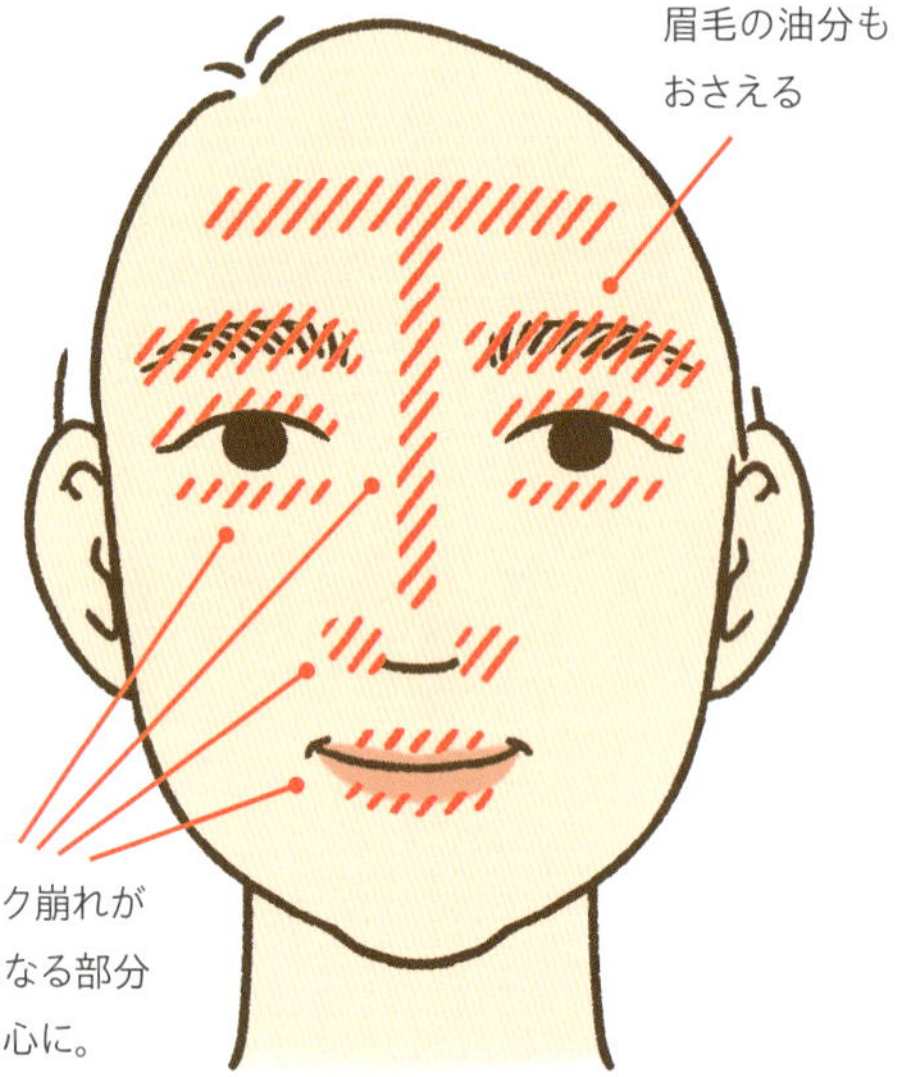
パフに粉を馴染ませて。
ブラシならトントンと
パウダーを落として使う
眉毛の油分も
おさえる
メイク崩れが
気になる部分
を中心に。

フェイスパウダーって
ファンデとは全然違う
役割なのね！

メイク講座をやっていたときのこと。下地にファンデーション、コンシーラーと丁寧にベースメイクを作り上げて、最後の仕上げでパウダーファンデーションでしっかり塗っている方が！

パウダーファンデーションとフェイスパウダーは別物です。パウダーファンデーションは肌色の調整に使うもの、メイクの最後の仕上げに使うのが、フェイスパウダーです。一見間違えやすいのですが、役割は大きく違います。間違って使うと仕上がりが大きく変わってしまうので要注意です。

フェイスパウダーの役割は、リキッドファンデーションの油分をおさえ、メイク崩れを防ぐことです。また、大人肌の悩みの毛穴やくすみなども目立ちにくくしてくれます。テカリや化粧崩れが気になるTゾーン、小鼻のまわり、口元や目周りなどは先に軽くおさえるようにのせ、そのほかの部分は足さずに余ったパウダーでおさえます。

そうすることでテカリや化粧崩れを防ぐだけでなく、アイシャドウのムラやパンダ目を防ぐこともできます。

14

# ほうれい線は「出発点」を明るくするだけで目立たなくなる

ほうれい線の出発点に
コンシーラーまたは
ハイライトを置く

ほうれい線を消すために、ほうれい線の影になる部分全部にコンシーラーや明るいファンデーションを塗りたくなりますよね。でも、その塗り方だと溝にたまってしまい、余計にシワが目立つことに。

ほうれい線を目立たなくするには、一番影が深く、暗く見える「出発点」だけをピンポイントでコンシーラーやハイライトなどを塗って少し明るくし

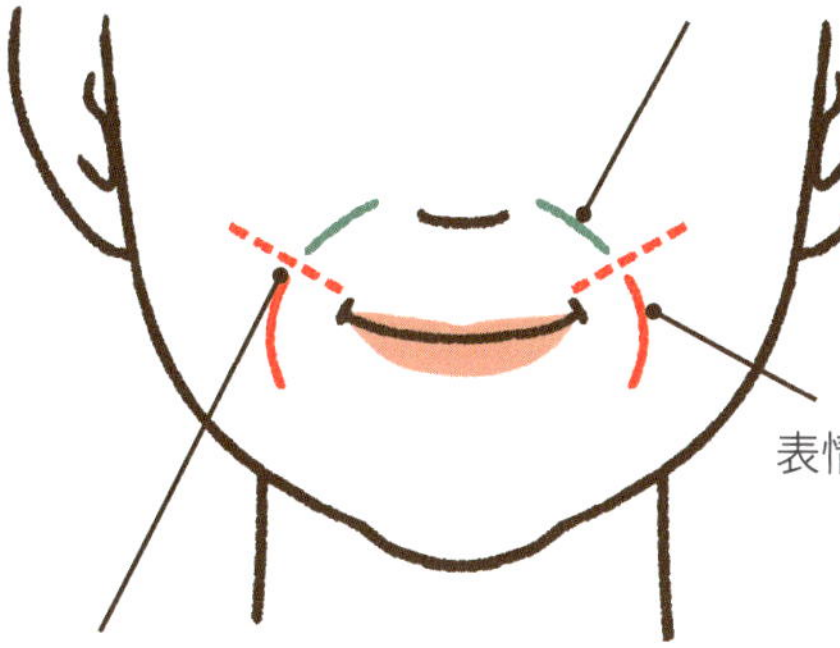
たるみの影
表情筋のシワ
たるみの影と老化の
シワを分断する

ます。

ほうれい線の出発点近辺はたるみの影によるシワ、下の部分は表情筋によるシワです。出発点のたるみの影と表情筋のシワがつながると、長く深いシワに見えがち。そこでたるみの影を明るくして消すことで、ほうれい線が分断されて短く見え、顔全体が明るく見えます。

ハイライトを使う際は、肌馴染みのよいオレンジ味のある色を選びましょう。自然な感じに明るく見せてくれます。白いハイライトは人人肌に馴染みづらく浮きやすいのでご注意を。

15

# ファンデーションは均一に塗らないほうが立体感が出て小顔に見えます

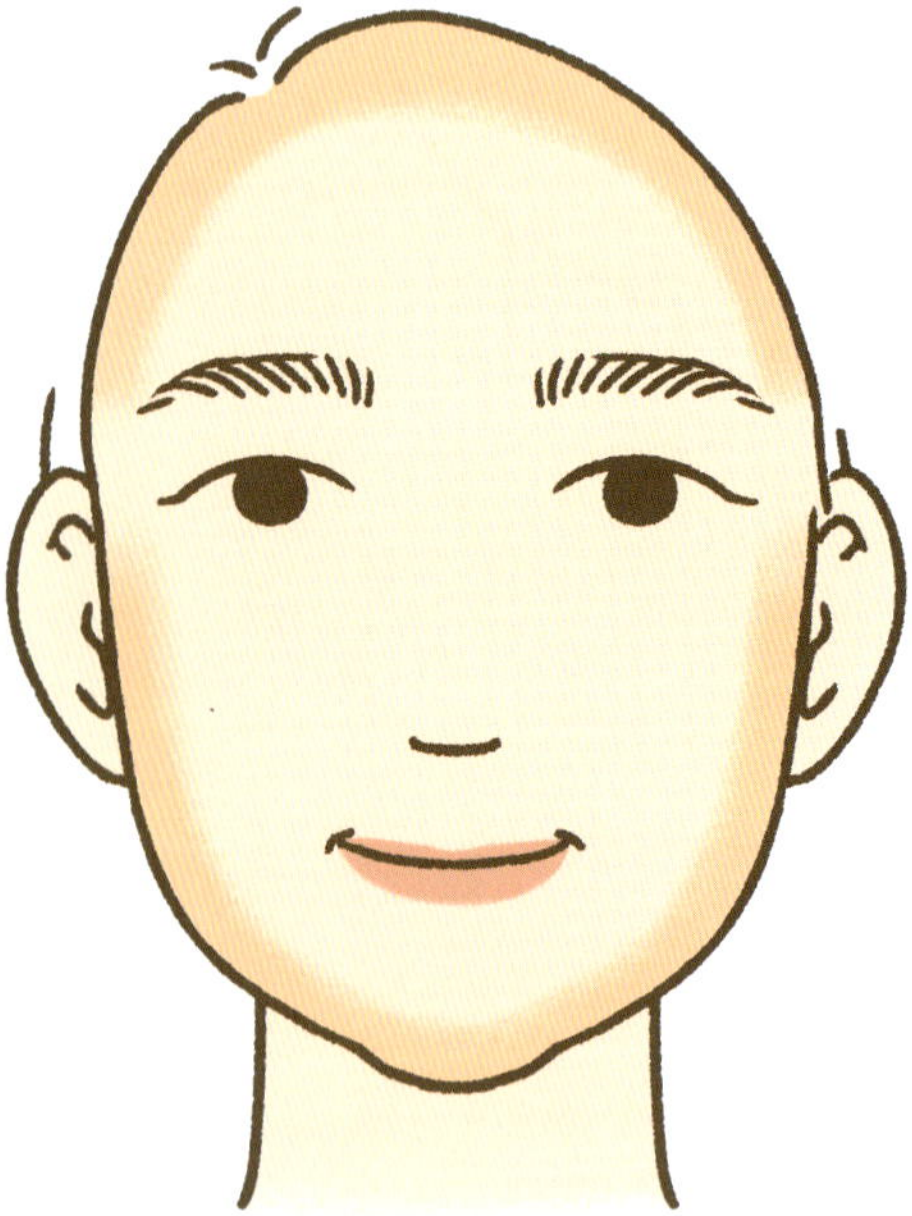

自然に馴染むよう内側から外側へ
伸ばしていくと立体感のある印象に

「ファンデーションはムラなく均一に塗ったほうがキレイ」だと思っていないでしょうか。ムラのない均一な塗り方は、顔だけがのっぺりと浮き上がり、顔が大きく見えたり、たるみが目立って老け見えの原因に。また、カバーして整えたい部分は肌悩みの多い頬のはずなのに、必要のないところにも同じ量のファンデーションを塗ることで、大人肌では避けたい「厚塗り」になりがち！

頬など肌悩みのある部分はしっかりカバーして、必要のないところは薄く。そうすると「カバー」「素肌感」「小顔」が叶います。

ファンデーションは均一に塗らずに、頬など顔の中心が明るく、輪郭に近づくにしたがって暗くなるように塗っていきます。といっても、意識して陰影をつける必要はありません。頬、鼻、顎など顔の中心にファンデーションをのせて、フェイスラインに向かって伸ばすようにするだけ。そうすると、先にファンデーションをつけた中心部は明るく、外側にいくにしたがって暗くなるので、自然と立体感が生まれます。シェーディングを入れなくても、ファンデーションの塗り方ひとつで小顔効果が得られます。

# 16

# シワの気になるところはファンデーションを薄塗りにするほうが目立たない

シワの溝には
ファンデーションを塗らない。
余ったものを伸ばす程度に

時間が経つと
シワの溝に
ファンデーションが
たまってしまう……

ファンデーションは
動くところほど
薄く塗るのね！

シミやくすみはメイクで消せますが、シワは消せません。ゆえに、消すのではなく「いかに目立たせないか」が肝になってきます。

目立たせないためには、シワの気になるところはファンデーションを薄塗りにすること。ファンデーションは、「動くところには薄く」が鉄則です。目尻やおでこ、ほうれい線など、そもそもシワができる部分は表情がよく動くところなので、動くたびにシワの溝にファンデーションがたまっていきます。塗りたては一瞬溝が埋まってシワが消えたように見えるのですが、時間が経つと目立ってきます。

しっかり塗り込むのではなく、余ったファンデーションを薄く伸ばしましょう。

# 17

# いつも不機嫌そうで老け見えするなら
# 口角のくすみをなくす！
# それだけでマイナス５歳

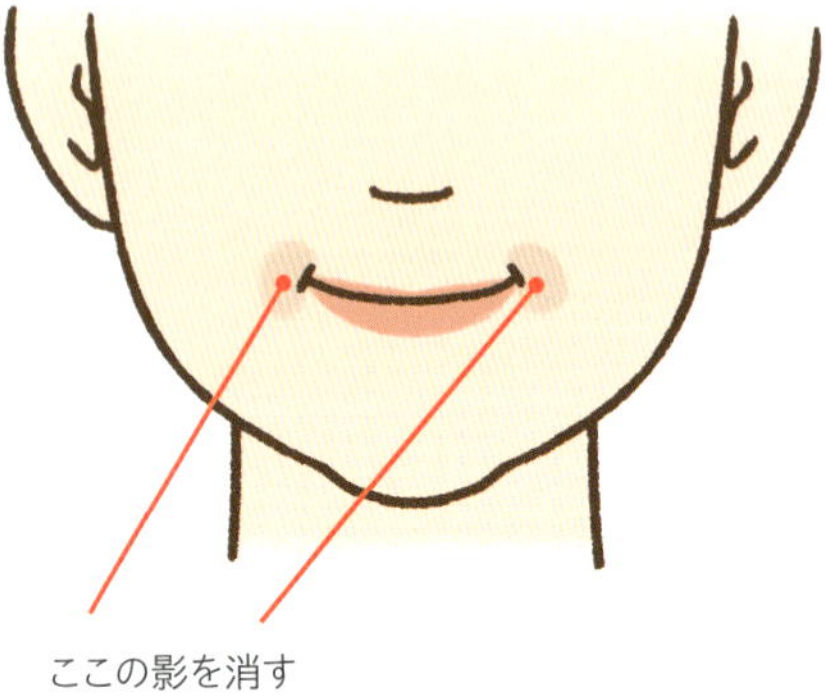
ここの影を消す

トントン

口角を明るくしたら機嫌よさそうに見える！

電車の窓に映った自分の顔を見たら、口元がへの字に見えて不機嫌そう。すごく老けて見えるし、ガッカリ……。そんな経験はありませんか？

年齢が出やすい口元は、唇の両脇の影を消すだけで若見えします。

年齢とともに、口元が下がってシワができると、影ができます。この影が老け見えの原因。ピンポイントで明るくするだけで、パッとお顔が明るくなります。

明るめのベージュのコンシーラーを唇の両脇の影にトントンとのせて、ブラシで馴染ませていきましょう。完全に消す必要はなく、少し明るく馴染めばOKです。

# 18

# 「顔が大きく見える」なら シェーディングを入れるだけで キュッと引き締まる

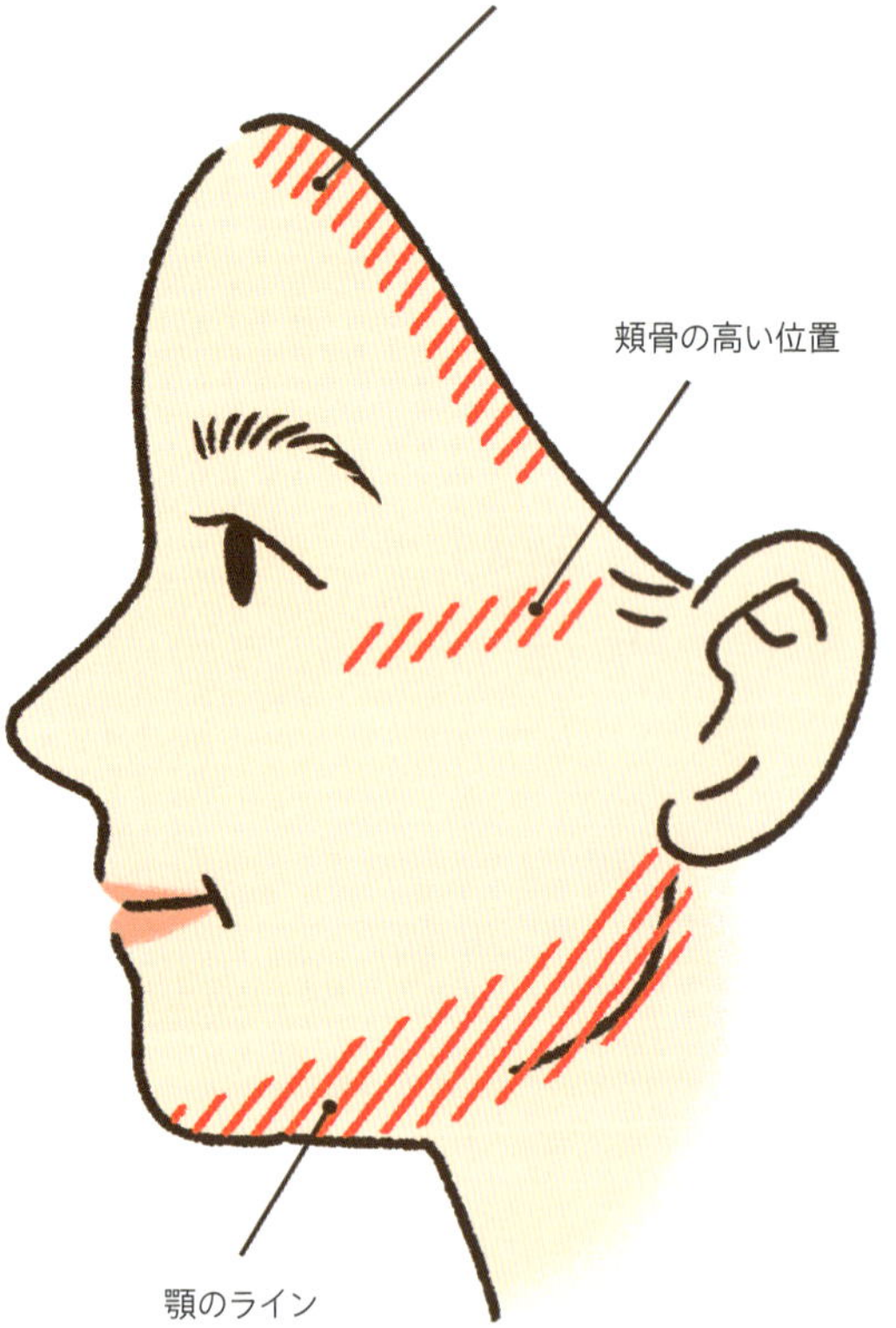

「若い頃に比べて、顔が大きくなってきた気がするのよ」というお声をよく耳にします。顔が大きく見える原因は、ずばりお顔の「たるみ」。顔自体が大きくなったわけではなく、たるみが生じたことで耳下から顎にかけてのフェイスラインがもたつき、それが顔を大きく見せているのです。

このお悩みは、シェーディングを入れると解決できます。たるみが生じているラインにシェーディングを入れると影になるので、お顔がキュッと小さく見えます。

シェーディングと聞くと、あまり馴染みのないアイテムかもしれませんが、化粧品売り場にだいたい置いてあるのでチェックしてみてください。一見、「こんなに濃くていいの？」と思うかもしれませんが、心配いりません。影を作る目的のものですし、意外と自然に馴染みます。

注意したいのは、こめかみや頬骨の下には入れないこと。この部分は年齢とともに痩せてへこんでくるので、影を入れると余計に痩せて貧相に見えてしまいます。こめかみを外したおでこの横部分、頬骨の高い部分、顎のラインに入れます。入れる際は顔の外側に向かってぼかすように入れましょう。

# 19

# うぶ毛を処理すれば メイク持ちと顔のトーンがアップ

うぶ毛の処理
なんて
したことない
かも！

お顔がなんとなくくすんで見えたり、メイクのノリが悪かったりする場合、うぶ毛の処理ができていないことが少なくありません。目が見えづらくなっていたり、暗い場所でメイクをしているために、見えていないことが多いようです。

**うぶ毛が生えたままだと、光が当たったときにうぶ毛の影ができてお顔全体を暗く見せてしまいます。**また、**下地やファンデーションが肌ではなく毛についてしまうので、フィット感もよくありません。**

シェーバーでうぶ毛の処理をするだけで、お顔全体が明るくなり、メイクのフィット感もアップします。電動のシェーバーなら簡単にお手入れできるので、取り入れてみてください。

# 20

# ファンデの厚塗りは老け見えの元凶！
# 薄づきにして若々しいツヤ肌に

シミやくすみなどのお悩みをカバーしようとすると、ついついファンデーションを厚塗りしてしまいがちですよね。そうすると、ツヤがなくなり、お化粧感が出て年齢が高く見えてしまうことに……。

ベースメイクは、「ツヤがあって若々しく見える」ように仕上げたいもの。そのためには、ファンデーションを薄づきにすることが大切です。薄づきにすると、素肌のようなナチュラルなツヤ肌に仕上がります。

リキッドやクリームファンデの量は、パール大または1プッシュ。それ以上足さないようにしましょう。頬を中心に薄く伸ばしていきます。シワの部分は溝にファンデがたまりやすいので、あまり塗らないように。

「薄く塗るとシミやくすみなどが消えないじゃない？」という声が聞こえそうですが、シミやくすみは下地とコンシーラーでカバーしていきます。ファンデーションですべてのお悩みをカバーしようとすると、ファンデーションの量がどんどん増えてしまい、厚塗り・老け見えの悪循環に！　下地とコンシーラー、ファンデーションの役割をしっかりと分けることで、若見え肌に仕上がります。

Column 3

# 鏡をキレイにする、手を洗う。意外とやっていないかも？

メイクで毎日使っている鏡、キレイですか？　手垢やホコリなどがついていないでしょうか。毎日見ていると、それが「常態」となって気づかないことも。鏡が汚れていると、細かいところまでよく見えず、仕上がりに差が出てくるので、常によく見えるようキレイにしておきましょう。

そしてメイク前は手を洗って清潔に。指先には雑菌がついているので、直接肌に触れたり、メイク道具を触ると雑菌が繁殖してお肌のトラブルを招きかねません。

メイク前に一度振り返ってみて。

Column 4

# メイクブラシ、ちゃんと洗っていますか？

メイクブラシやパフは、顔に直接つけるものなので、皮脂などがついて汚れます。お手入れをしないと、皮脂と粉がくっついて塗りムラの原因に。また、皮脂をエサにして雑菌が繁殖して肌トラブルの原因になります。ブラシは使うごとにティッシュなどでさっと余分な粉を落として清潔に。ティッシュにクレンジング液を染み込ませておくと、より汚れが落ちやすいです。

汚れが目立ってきたら、専用のクリーナーや中性洗剤を入れたぬるま湯ですすぎ、水気を絞って完全に乾かします。パフもできれば毎回、最低週1回は洗いましょう。

# 21

# くぼんだこめかみを明るくすると お疲れ顔を解消できます

❌ こめかみが暗いと老け見え！

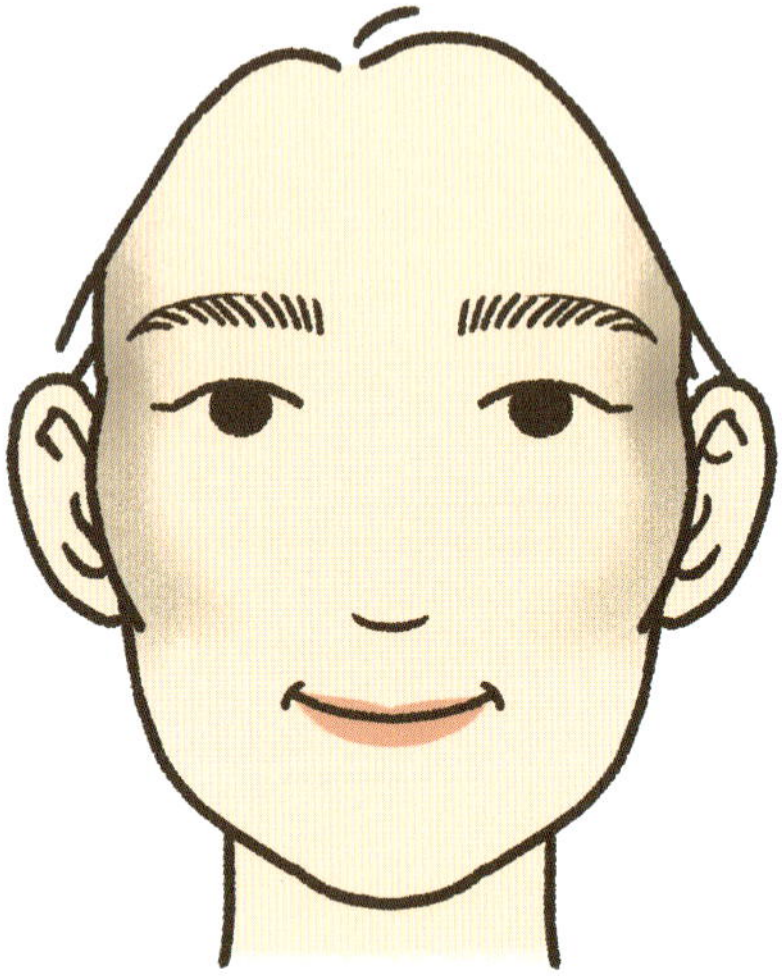

大人世代のお顔の変化で目立ちやすいのが、こめかみのへこみ。頬骨が出っ張ったように感じるのは、こめかみが痩せてへこんでくるからです。

へこみの部分は影になって暗いので、お顔が寂しく疲れた印象に見えてしまいがち。ここを暗く見えないように調整するだけで、マイナス3歳の印象に！

○ こめかみが明るいと
柔らかく若々しい

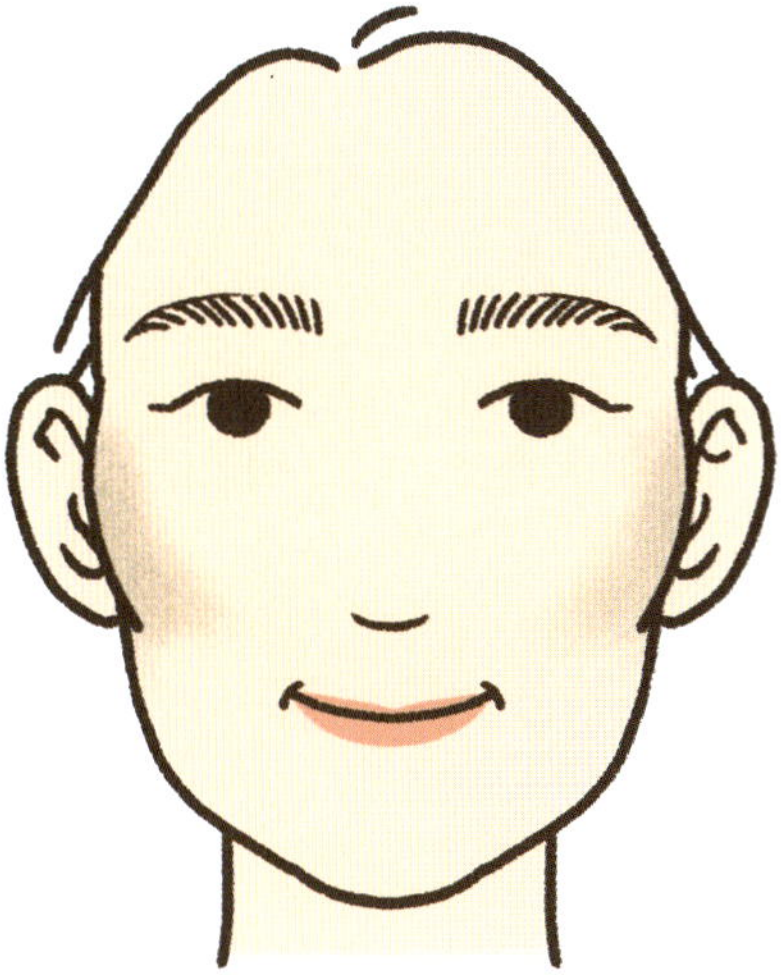

**こめかみを明るくするには、明るいベージュのコンシーラーを使います。へこみ部分に塗って、影を消すようにしましょう。**

こめかみが明るくなるだけで、ぐっと柔らかく若々しい印象になります。

また、チークやシェーディングなどフェイスラインに暗い色を入れて小顔効果を狙うときは、こめかみまで入れないようにご注意を。

# 22

# 「顔が大きく見える」というお悩みはチークが解決してくれる!!

若い頃の顔は求心的だけど、
大人のパーツは外側に離れていく!

お悩み
・顔が大きく見える
・間延びする
・のっぺり
・余白が増える

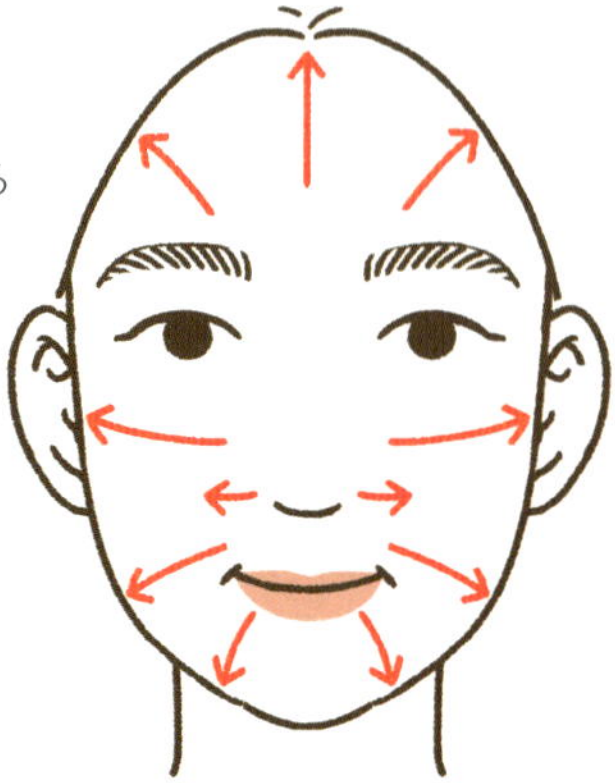

「顔が間延びする感じがする」「顔が大きくなった」というお悩み、大人の方には多いと思います。

年齢を重ねると、頭蓋骨が縮んで皮膚がたるむため、顔のパーツも外側に向かって開いていきます。鼻が横に広くなり、目や眉が外側に離れ、顔が縦に長くなってくるもの。

ですから、メイクでは離れていった

なんか顔が
小さくなった？
チークを入れた
だけなのに！

パーツを中心に戻し、求心的なお顔に補整をするのがポイントになってきます。

チークは求心的なお顔にするための重要なアイテム。お顔の余白を埋めて顔をキュッと小さく、立体的に見せる役割があります。またリフトアップの効果も。

これまで血色を足すためにチークを入れていたと思いますが、骨格補整を意識して入れることで、ぐっと若々しい印象に仕上がります。

23

# 笑った頬からチークを横切らせてマイナス5歳

✕ 低い位置にチークを入れる
顔の正面だけにチークを入れる

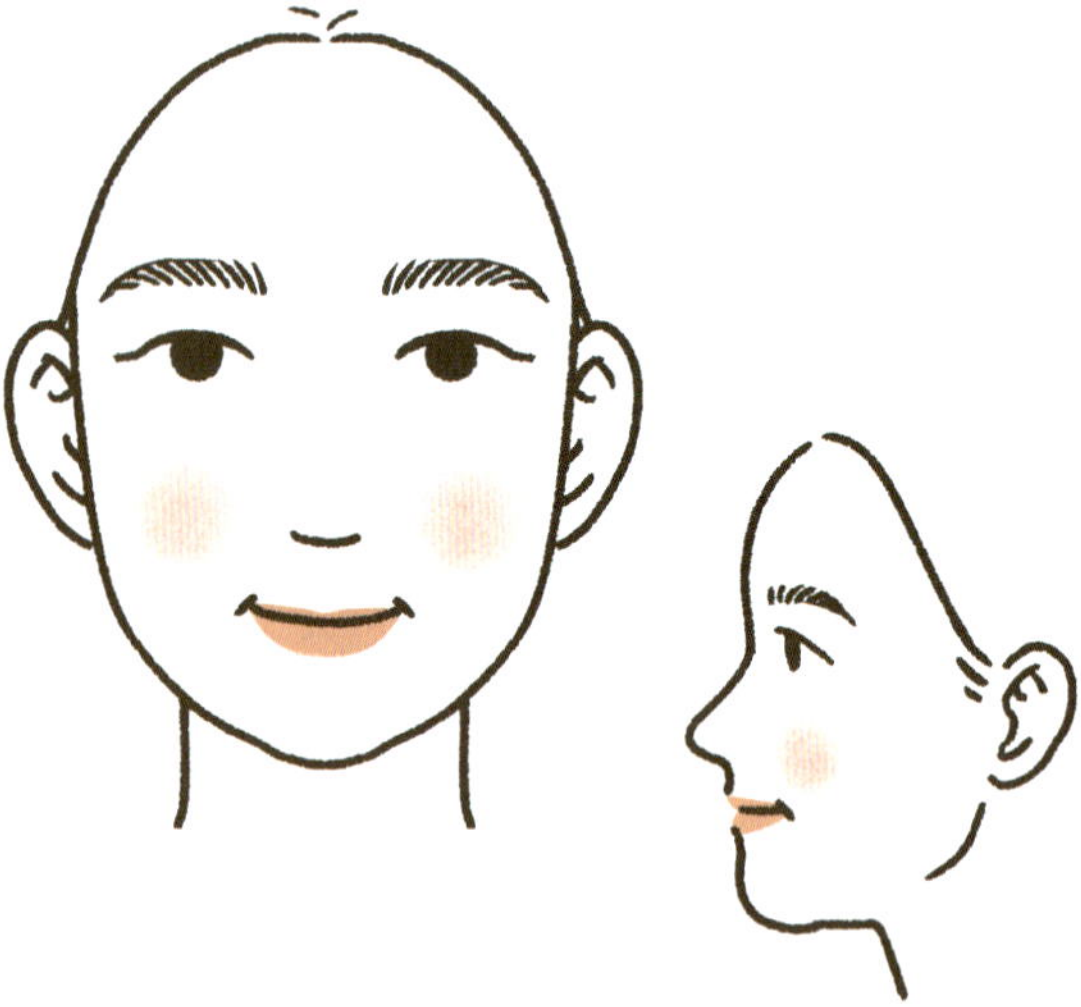

年齢とともにたるんで下がってきたり、全体的に面長に見えるお顔は、チークを入れることでリフトアップ効果が得られます。
チークの位置が頬の位置になるので、笑ったときに頬が高くなるところにチークを入れ、視線を上に持っていきましょう。反対にチークの位置が下がると重心が下がってたるんで見えるので、位置は

○ 耳の穴に向かってチークを入れる
チークを横長に入れて余白を分断する

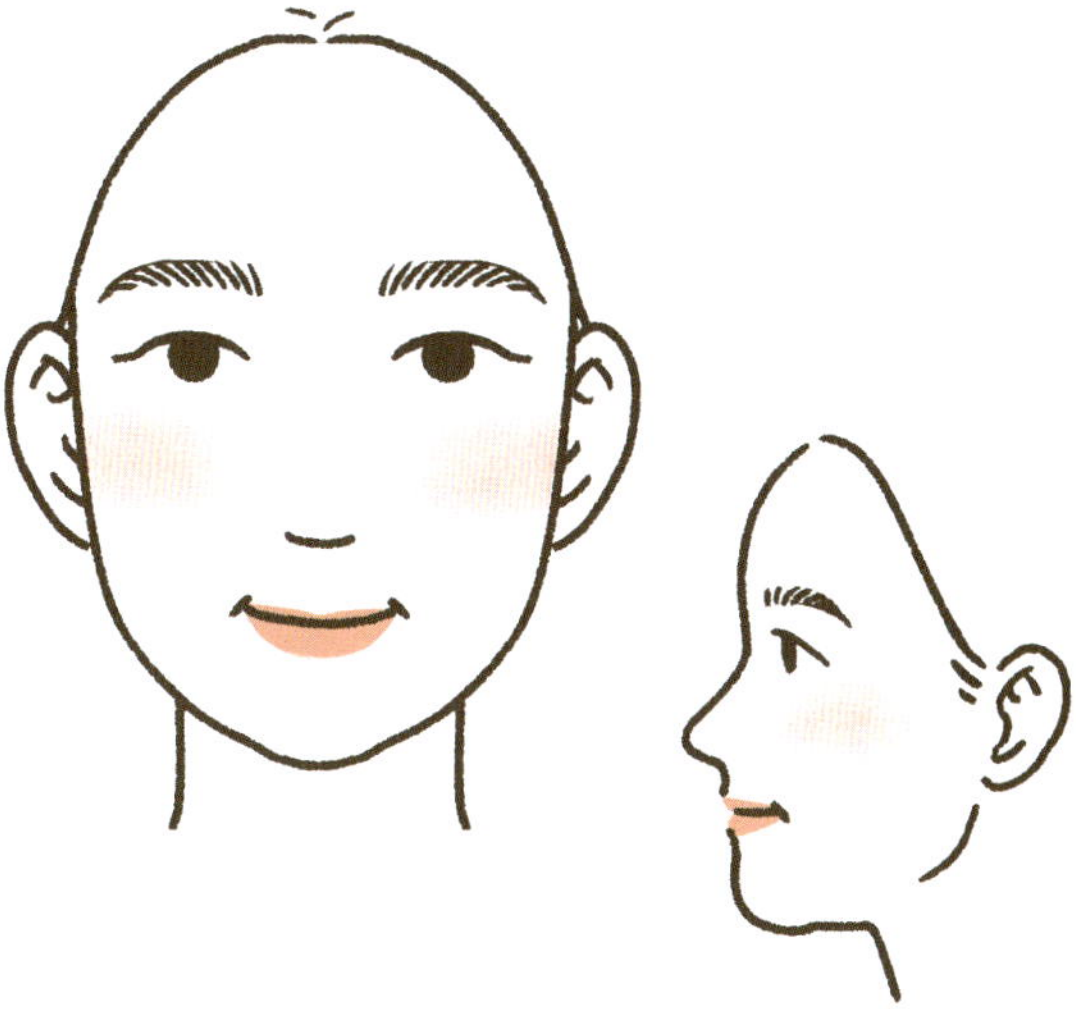

高くを意識して。

また、チークは**横にスッと入れると、小顔に見せる効果**が得られます。顔の正面だけにチークを丸く入れると、顔のサイドの部分の余白が大きく見えてしまいます。この面積を小さく見せるために、チークを横に長く引いて余白を分断します。耳の穴に向かって一直線に入れていきましょう。

余白が少なく見えて顔の長さも分断され、お顔が小さく若々しく見えます。

# 24

# オレンジ系のチークでナチュラルに小顔に見せる

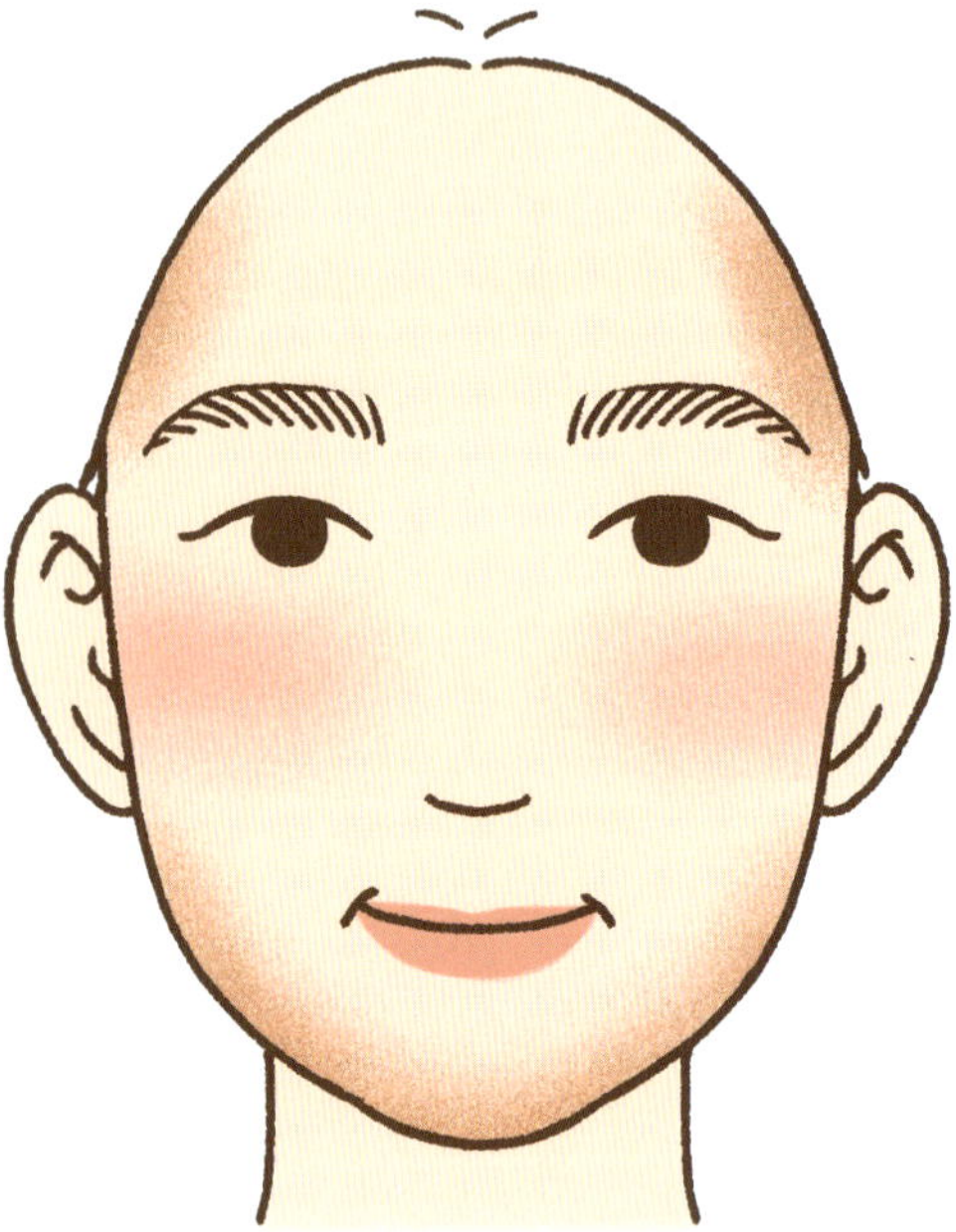

シェーディングのチークはオレンジ系。
おでこの横、顎のラインに入れていく

チークは
シェーディングにも
なるのね！

フェイスラインにシェーディングをすれば、小顔効果が得られることは知っている。けれど、ブラウンの濃い色を使うのは、やりすぎ感が出そうでちょっと抵抗がある……。そういう方におすすめなのが、チークをシェーディングとして使う方法です。

使う色はオレンジ系。肌色よりも少し暗いので、自然に影のように見せることができます。

使い方はブラウンのシェーディングの入れ方と同じです。フェイスラインにスッスッとブラシを走らせていきましょう。こめかみや頬骨の下はへこんでいるので入れないようにします。

自然なシェーディング効果が得られ、お顔がキュッと引き締まります。

# 25

余ったチークを
鼻の頭と人中にのせて
さらにマイナス2歳

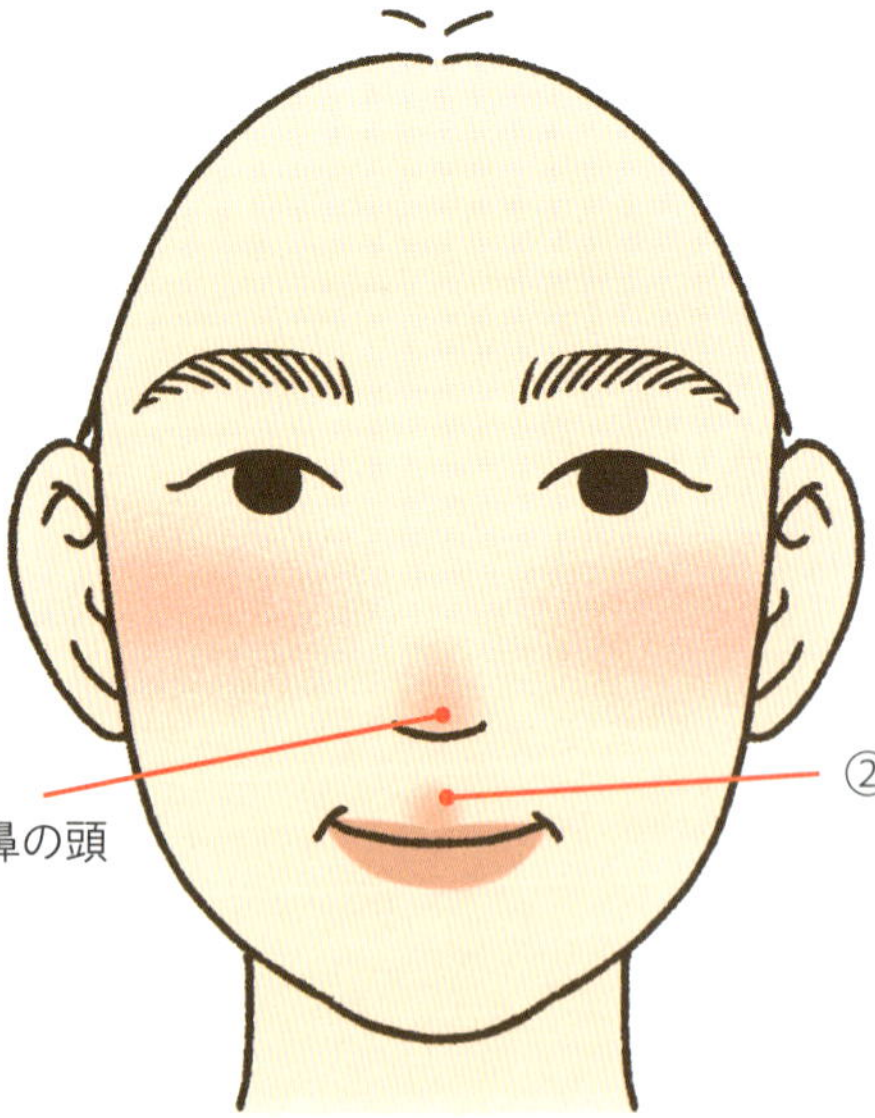

鼻の下の長さが
気にならなく
なるわ！

チークは頬だけに入れるものだと思っていませんか？　ブラシに残ったチークでもうひと声、若見えに仕上げていきましょう。

まず、鼻の頭にフワッとのせます。そうすると、鼻の頭がクッと上を向いてシャープな印象に。

次に、鼻と唇の間にあるつなぎ目の、「人中」と呼ばれる部分にも入れていきましょう。上唇の上のくぼみ部分に、１センチほど入れるだけで十分です。年齢とともに上唇が巻き込んでいき、人中が長くなってくるので、間延びしたお顔になりがち。ここにチークを入れて人中を分断すると、キュッと短く見えて若見え効果が得られます。

あらためてチークをブラシにつけて色付けするのではなく、頬を塗った後にほんのり残っている量で十分です。

# 26

# チークブラシを買い足すだけでおてもやん防止

チークが1箇所につきすぎて、頬だけがとってつけたような「おてもやん」のようになってしまうとお悩みの方、けっこういらっしゃいます。

その「おてもやん化」してしまうお悩みは、チークブラシを替えるだけで簡単に解決します。パウダーチークに付属している小さいブラシだと、ブラシの面積が小さいのでピンポイントにしっかりとついてしまいやすいです。小さいブラシを使っている方は、面で大きくフワッと塗れるよう、ぜひ大きめのブラシを買い足しましょう。

チークは一度つけると後戻りできないので、ブラシにとってたっぷり粉がついたまま直接肌につけないこと。手の甲でブラシ全体にしっかり馴染ませて余分な粉を落としてから肌にのせます。そうすることで、均一なふんわりチークに仕上がります。

一発でしっかりつけようとせず、様子を見ながら少しずつミルフィーユのように重ね塗りでつけていきましょう。

# 27

# メイク初心者こそクリームチークがおすすめ

今までチークが
浮いていたのに、
自然に馴染んでる！



「今までチークをあまり使っていなかった」「パウダーチークだと1箇所につきすぎてしまう」「もっとナチュラルでいい感じに見せたい！」という方は、クリームチークを使ってみてください。

クリームチークはあまり馴染みがなく、難しそうに感じるかもしれませんが、じつは簡単にキレイに仕上がるアイテム。お肌に溶け込んでツヤ感のある自然な仕上がりになるので、メイク初心者にこそおすすめしたいアイテムです。

塗り方も簡単。指でクリームチークをとり、笑ったときに高くなる頬の位置から耳に向かってちょんちょんとのせます。スポンジを使って自然に馴染ませていけば、ナチュラルでキレイにつきます。

# 28

# 色選びに迷ったら<br>コーラルピンク

○

オレンジ系のコーラルピンクは
肌馴染みがいい！

×

青系のピンクは浮いたり
くすんだりしてしまう

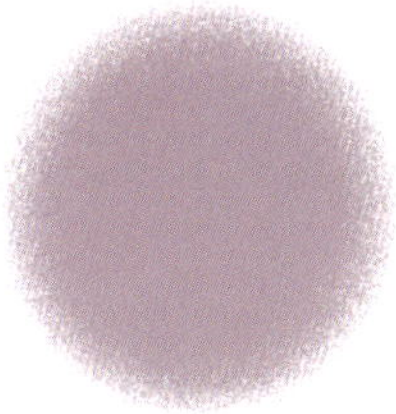



チークの色選び、悩みますよね。化粧品売り場で迷ったら、「コーラルピンク」を選べば間違いありません。

年齢を重ねると肌がくすみ、トーンが暗くなります。そのため、鮮やかな色を使うとトーン差が出てしまい、かえって顔色を悪く見せてしまう場合があります。

コーラルピンクはどんな色かというと、オレンジ寄りの暖色系のピンクです。肌馴染みがよく、自然な血色感を与えてくれます。

青みがかった華やかなラベンダー系などは、白浮きしたり血色が悪く見えることも。「なんだかチークが浮いてしまう」など、色選びに迷ったら、コーラルピンクを使ってみましょう。

まとめ3

# 顔がたるんで大きく見えるタイプ

顔がたるんで大きく見えるタイプは、顔に余白が増え、フェイスラインがぼやけて見えがち。ファンデーションの塗り方、シェーディングやチークで立体感を出してすっきり見せていきます。

Before

After

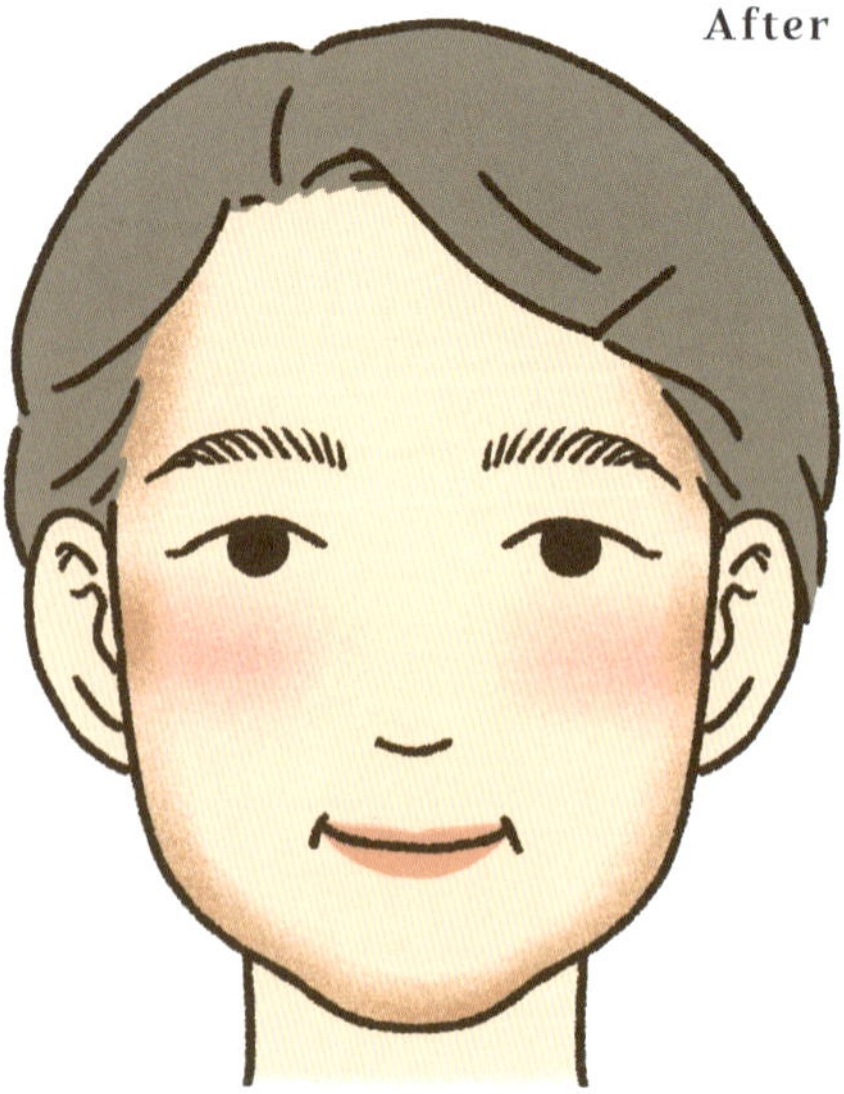

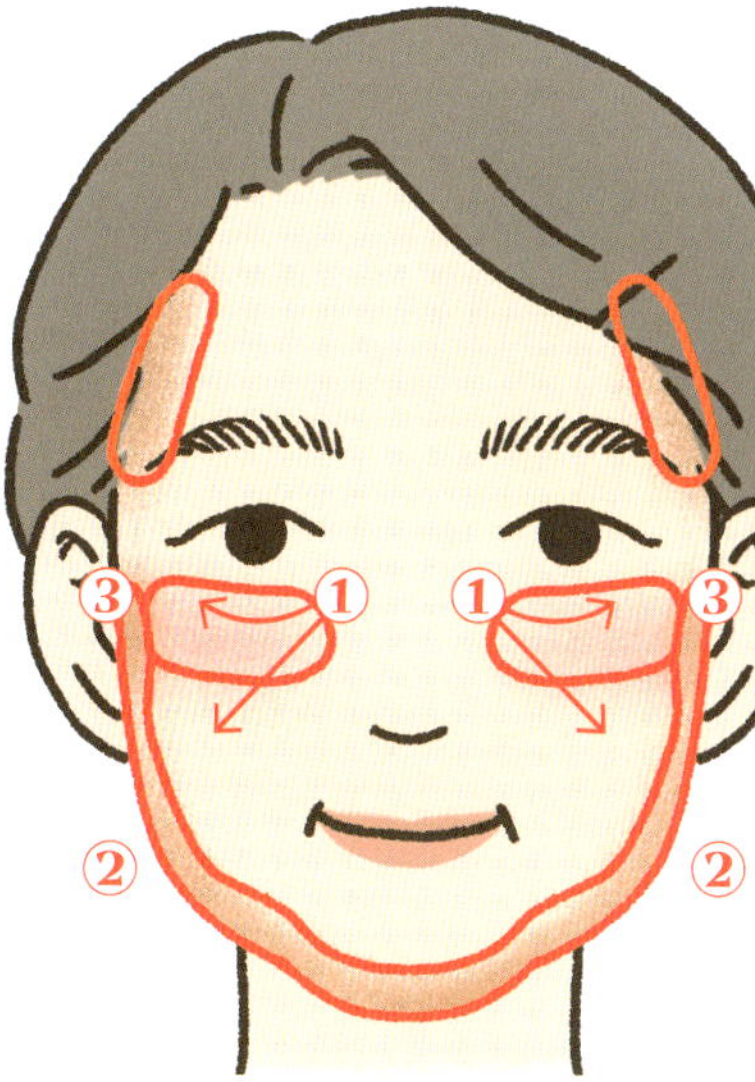


① 下地やファンデーションは中心からフェイスラインに向かって塗る。中心が濃く、フェイスラインが薄くなるように。

② 生え際、頬骨、フェイスラインにシェーディングを入れる。

③ 笑って高くなる頬の位置から耳の穴に向かってチークを入れて頬の位置を引き上げ、顔の余白も埋める。

まとめ4

# 顔がこけて暗く見えるタイプ

顔がこけて暗く見えるタイプは、
顔に影が多く元気がなく老け見えしがち。
ファンデーションやコンシーラーで影を明るくし、
チークでツヤ感と血色感を足して、ヘルシーに見せていきます。

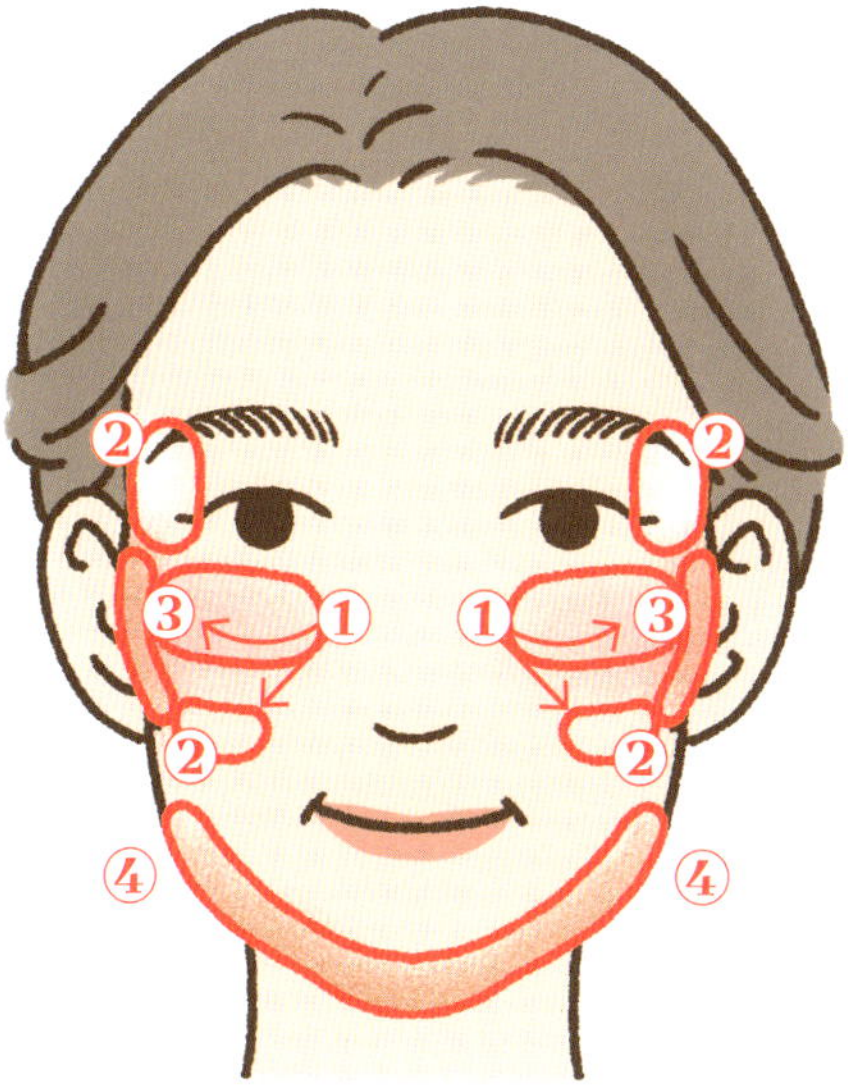


① 下地やファンデーションはツヤ感の出るものを使い、顔全体にハリ感が出るように。

② リキッドタイプのコンシーラーでこめかみ、頬の下の暗く見えがちな部分を明るくする。

③ コーラル系のクリームチークでツヤ感と血色感を足していく。

④ フェイスラインから顎の下に向かってシェーディングを入れて顔にメリハリを出す。

Column 5

# チークを塗りすぎたときはスポンジでポンポンする

チークを塗りすぎて濃くなってしまったり、思っていたよりも派手な色がついてしまったり……。途中までは上手くいっていたのに、チークで失敗すること、ありますよね。

そんなときは、水に濡らして絞ったスポンジでポンポンたたくようにすると、チークがほどよく落ちて馴染みます。あまりにもチークが濃くつきすぎてしまったときは、薄くファンデを塗って馴染ませましょう。

チークは一度にたくさん塗らずに、様子を見ながら少しずつ重ねていくと、失敗が少ないです。

ポイントメイクは
「色」より
「パーツ補整」が大切。
大人は〝さりげなく〟で
大きく盛れる

# 01

# 手の甲でワンクッション。このひと手間で老け見えアイシャドウを解消！

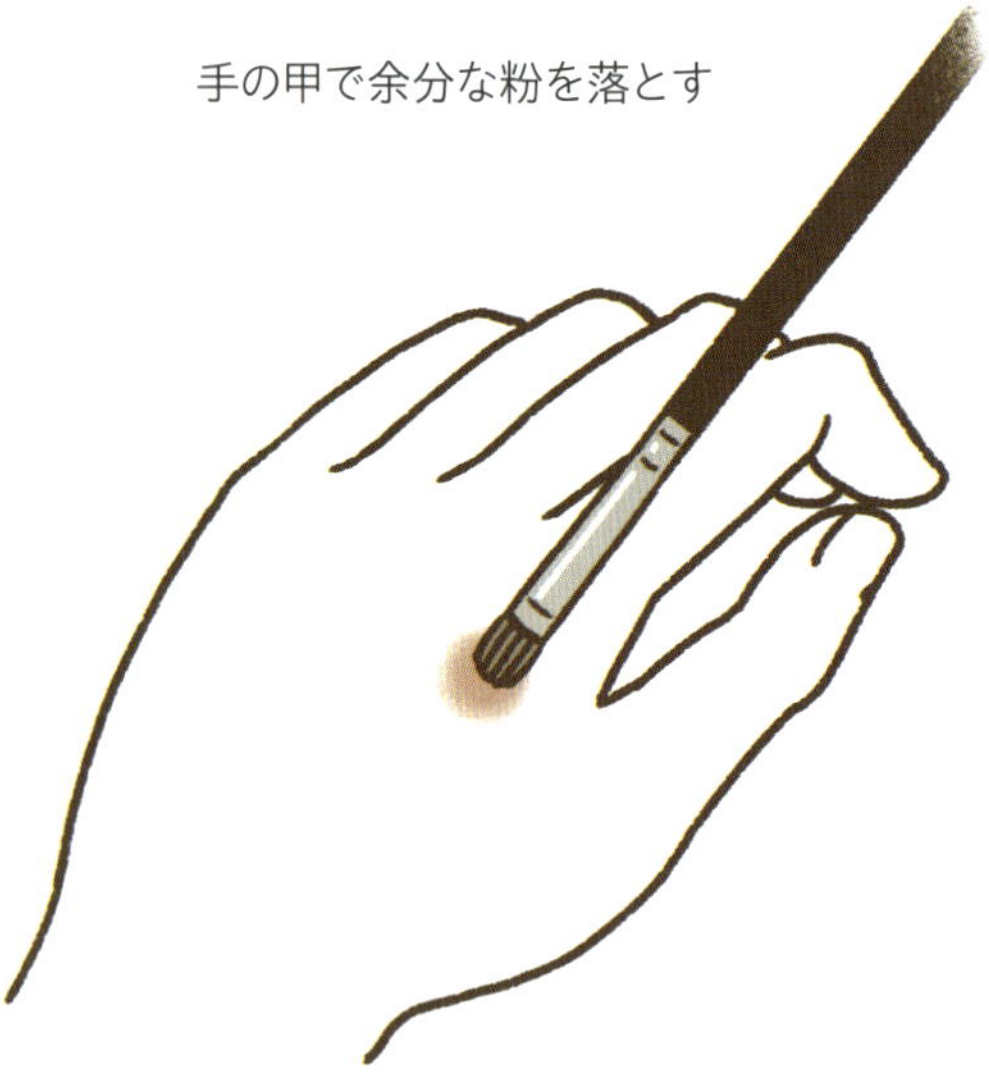
手の甲で余分な粉を落とす

「アイシャドウがムラになっちゃう」「まぶたに色がつきすぎて、不自然な感じに仕上がっちゃう」という方は、アイシャドウをパレットから筆でとって、そのままままぶたにつけていないでしょうか。ブラシに余分なアイシャドウの粉がついたままでは、まぶたにムラになってついてしまいます。最初につけたところにだけしっかりつくので、発色もよすぎて肌に馴染まず、派手な目元になりがちに……。

アイシャドウをパレットからとったら一度手の甲でブラシに馴染ませて、余分なアイシャドウを取り除いてからつけるようにしましょう。このひと手間を入れるか入れないかで仕上がりが全く変わってきます。ほんのちょっとしたことですが、この「ちょっとしたこと」が、いい感じのメイクとイマイチなメイクの分かれ目になります。このひと手間がとっても大切なので、ぜひ取り入れましょう。

また、まぶたを強くこするとお肌に負担がかかり、くすみの原因に。皮膚を引っ張るのもたるみの原因になります。まぶたは皮膚が薄いので、アイシャドウをやさしくふんわりとのせるように塗りましょう。

# 02

# アイシャドウは多色を使わなくても1色で十分キレイになれます

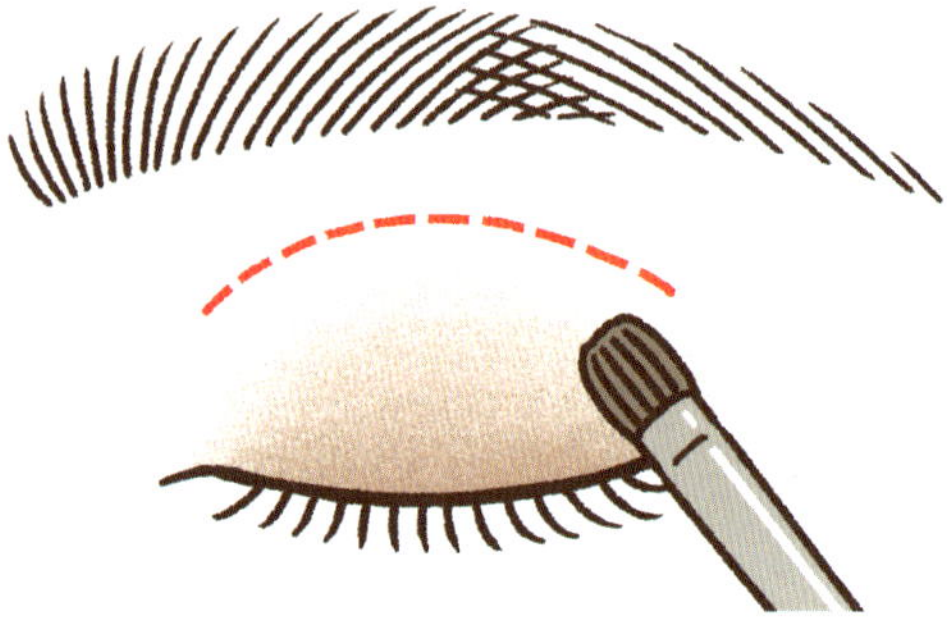

① 目のキワからアイホール全体にぼかす

② 目のキワから二重の幅をもう一度塗る

1色でできるなら私にもできそう!

お手持ちのアイシャドウは、3～4色がセットになっていて、1つのケースに入っているものが多いと思います。「全部の色を使ってグラデーションを作るのが難しい!」と感じている方は、1色のアイシャドウで大丈夫。色選びに迷う場合はオレンジ系のブラウンを選びましょう。オレンジ系のブラウンは、大人まぶたには万能カラー。肌馴染みがよく、くすみを取り払いながらハリ感を与えて、明るい立体感を出してくれます。

**最初は目のキワからすっとワイパーのようにまぶたの外側に向かってアイホール全体にぼかしていきます**。その後に二重幅くらいまでの範囲に、重ね塗りします。筆を置いたところにもっとも色がつくので、自然に目のキワが濃く、まぶたの上側と外側が薄くなるグラデーションができます。

はじめから頑張って多色使いしようとしなくても、重ね塗りで自然な立体感のあるまぶたになることができます。

## 03

# 手っ取り早く色でメイクしてます感を出すと老け見えに。大人メイクはパーツ補整で勝負！

華やかな色のアイシャドウ。
お化粧をした感は出るけれど……

目元は「お化粧をした感」が出やすいパーツ。パープルなど鮮やかなアイシャドウを塗ったり、ラメでキラキラさせたりすると、一瞬でパッと華やかになるので、「ちゃんとメイクしたわ！」という満足感は得られるかもしれません。でも……たしかに華やかになったのかもしれませんが、果たして年齢にともない気になり始めた目元の

まぶたのハリや目のフレームを
引き立てたほうが若々しい！

お悩み、解決されたでしょうか？
50代になると、20代のときにはなかった目元のお悩みが増えてきます。まずそのお悩みを解消するのが最優先。それをせずにアイシャドウの色をきかせたメイクをすると、一気に老け見えに。大人女性の目元は、形を整えてパーツをはっきりさせていくことを目標にします。

まぶたが下がってくることで、目が小さく見えたり、くすみが生じてなんとなく目元がぼやっとするのを、アイメイクで解決することで、若々しく元気な目元にしていきます。

# 04

# アイテープで昔の目元にタイムスリップ！

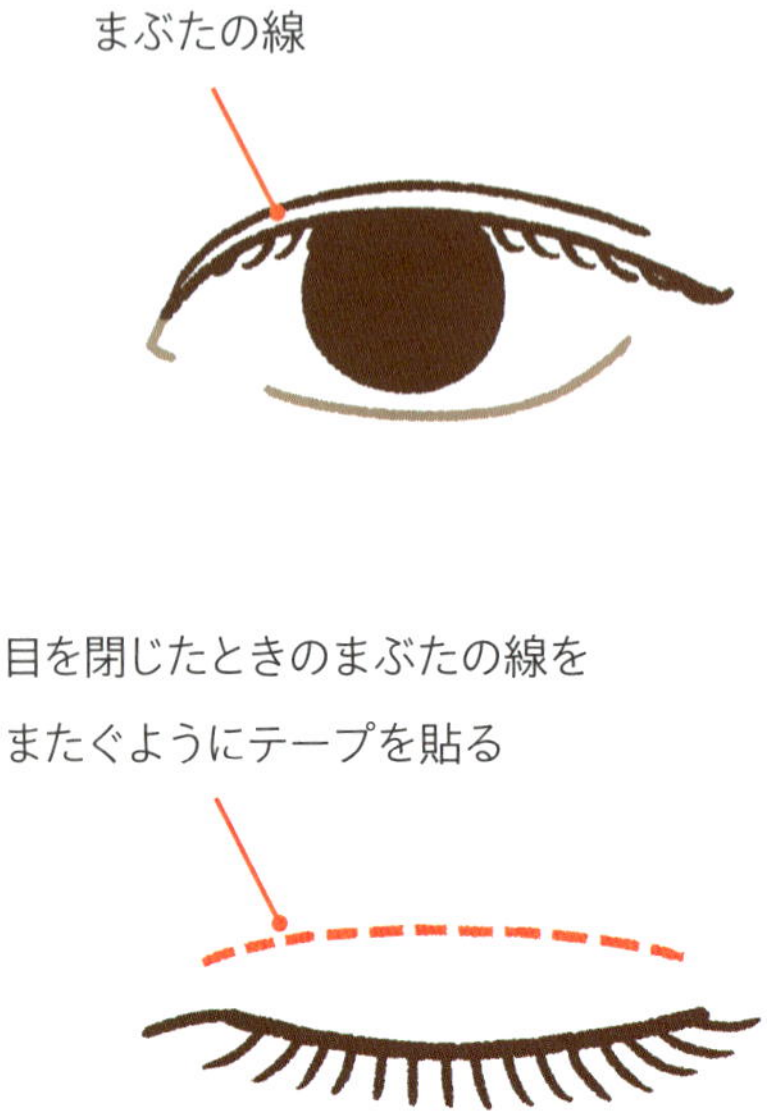
まぶたの線
目を閉じたときのまぶたの線を
またぐようにテープを貼る

《おすすめのアイテープのタイプ》

・片面接着タイプ
・メッシュタイプ

均一の肌色のテープは
目立つので、メッシュがおすすめ

左右の目の大きさが揃うように調整を

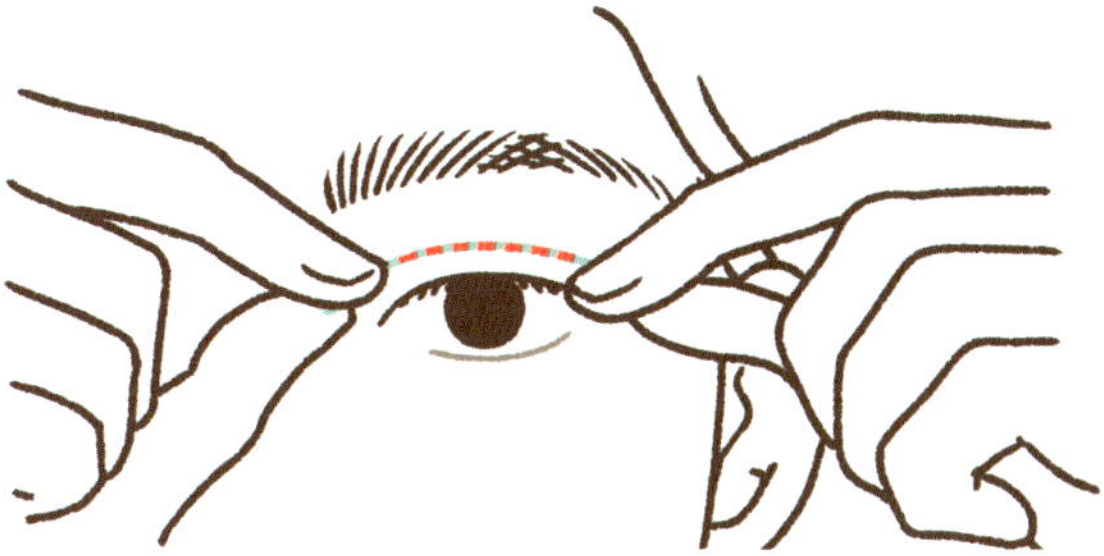

年齢とともに、どうしても下がってくるまぶた。目が小さく見えてしまったり、左右の目の大きさが違ってきたりと、悩んでいらっしゃる方はすごく多いです。まぶたのたるみがとても気になる場合、アイテープを使って物理的にまぶたを上げてしまえば、お悩みが一気に解決することも。

アイテープは、薬局や100円均一のショップにも売っているので、気軽に試してみるとよいと思います。テープを取り出したら、まぶたの線をまたぐように貼り付け、左右の目の大きさが揃うように調整するだけでOKです。

毎日するのは面倒かもしれませんが、ちょっとしたお出かけのときに使うと気分がぐっと上がりますよ。

# 05

# 下まぶたのアイシャドウで余白を減らせば顔が短く目はぱっちり見えてマイナス3歳

Before　お顔の長さが気になる……

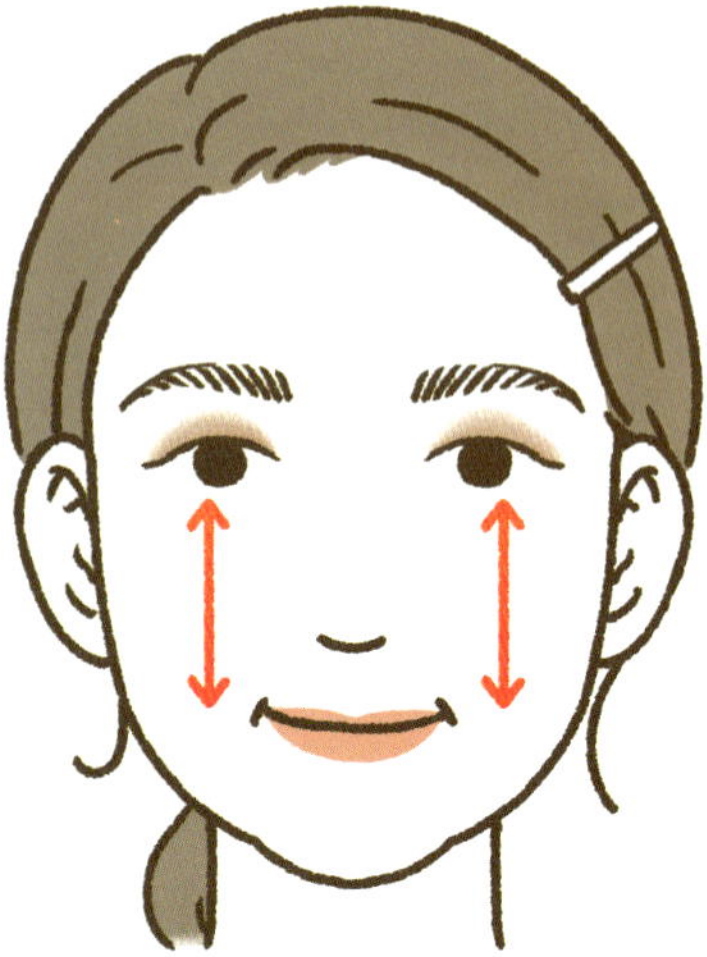

年齢とともに、少しずつ長くなってくるお顔。チークを横切らせて長さを分断し、短く見せていくのが基本の大人メイクですが、もう1つ、お顔を短くするテクニックがあります。それはアイシャドウを下まぶたにも入れること！

アイシャドウは上まぶたに入

**After**　お顔が短く小顔に！

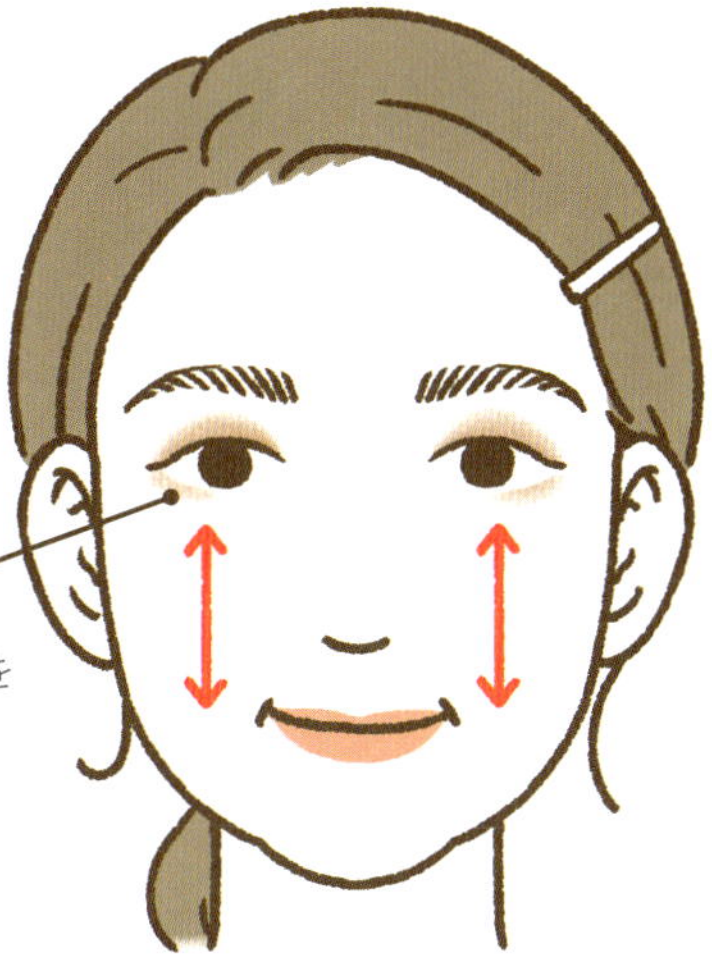
ここにもアイシャドウを
入れて縦の長さを
キュッと短く

れるもの、という先入観があるかと思いますが、下まぶたにも入れると目の縦幅が拡張して、目を大きく見せることができ、お顔の余白も埋まって短く見えます。

下まぶたのアイシャドウは、ベージュ系のものが自然でさり気なく立体感を出してくれるのでおすすめです。

目の中央から端のほうへすっと入れるだけで、お顔がキュッと短く見えます。

06

# 腫れぼったいまぶたは「オレンジブラウン」で引き締め

あなたのまぶたは
どちらのタイプ？

① まぶたが重いタイプ
→ オレンジブラウン

② くぼみまぶたタイプ
→ パール系のベージュ

まぶたのお悩みは大きく分けて2つあります。1つはたるみでまぶたが下がり、腫れぼったく重さを感じるタイプ。

このタイプの場合は、影に見せつつくすみも取り除く効果のあるオレンジブラウンを使うことで、まぶたを引き締めていきます。

収縮色のブラウンでもよいのですが、大人世代のまぶたはブラウンだとくすんで見える場合があるので、くすみを取り払いつつ引き締めてくれるオレンジブラウンがおすすめです。

ピンクのパール系のアイシャドウも素敵に見せてくれるキレイな色なのですが、腫れぼったいまぶたでお悩みの方は、

① まぶたが重いタイプはオレンジブラウン

膨張して見えてしまいがちなので、できるだけ避けましょう。

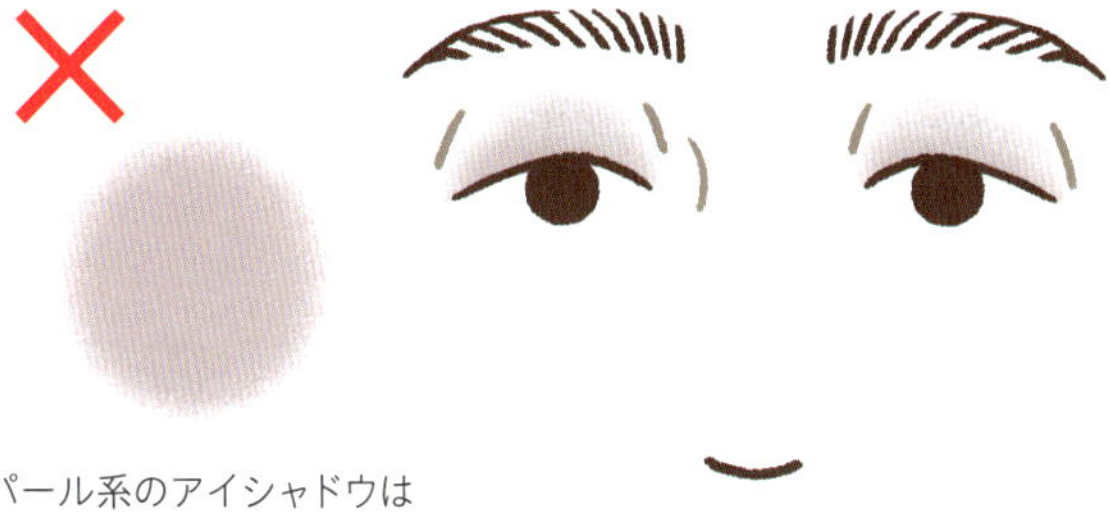

パール系のアイシャドウは
ふくらんで見えてしまう！

オレンジブラウンのアイ
シャドウで引き締め効果

# 07

# くぼんで影になるまぶたは「パール」でふっくら

② くぼみまぶたタイプはパール系の明るいベージュ

ブラウンはより影が
できてしまう

パールの反射で
ふっくら!

ラメを使っていたけどパールがよさそう！

まぶたのもう1つのお悩みは、こけてくぼんで見えるタイプ。くぼみタイプの方が避けたいのは、ブラウンの色味のアイシャドウです。

まぶたがへこむとアイホール全体が影になるので、ブラウンのアイシャドウを使うとより影が強調されてしまいます。

くぼみまぶたタイプは、パール系の明るいベージュのアイシャドウを使うとふっくら見えてキレイです。

ただし、ラメなど粒子が大きいものだと下品に見えてしまったり、かえってシワが目立ってしまうので注意が必要。ラメではなく、粒子の小さいパールがおすすめです。

色味はベージュ系が肌馴染みがよく、くすみを取りはらって上品な目元に仕上がります

# 08

# アイラインはまつ毛のすき間をちょこちょこ埋める。それだけで十分目は大きく見えます

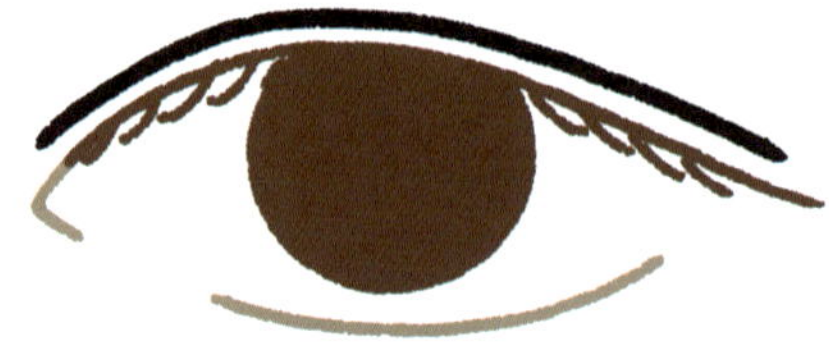

ペン先を下に向けて
まぶたのキワに一直線で描くと
アイラインだけが浮きがち

アイラインのお悩みには、「上手く引けない」「どこに引いたらいいのかわからない」「太く引かないと目が大きく見えない」などがあります。そのお悩みのアンサーは、まつ毛の間を「埋める」だけ。引くときは一気に描こうとせず、ちょこちょこ埋めていきます。

まつ毛を一直線で一気に描くと、引いたつもりでもまつ毛の間が埋まらず、ア

○ まつ毛とまつ毛の間をちょこちょこと「埋めて」いく

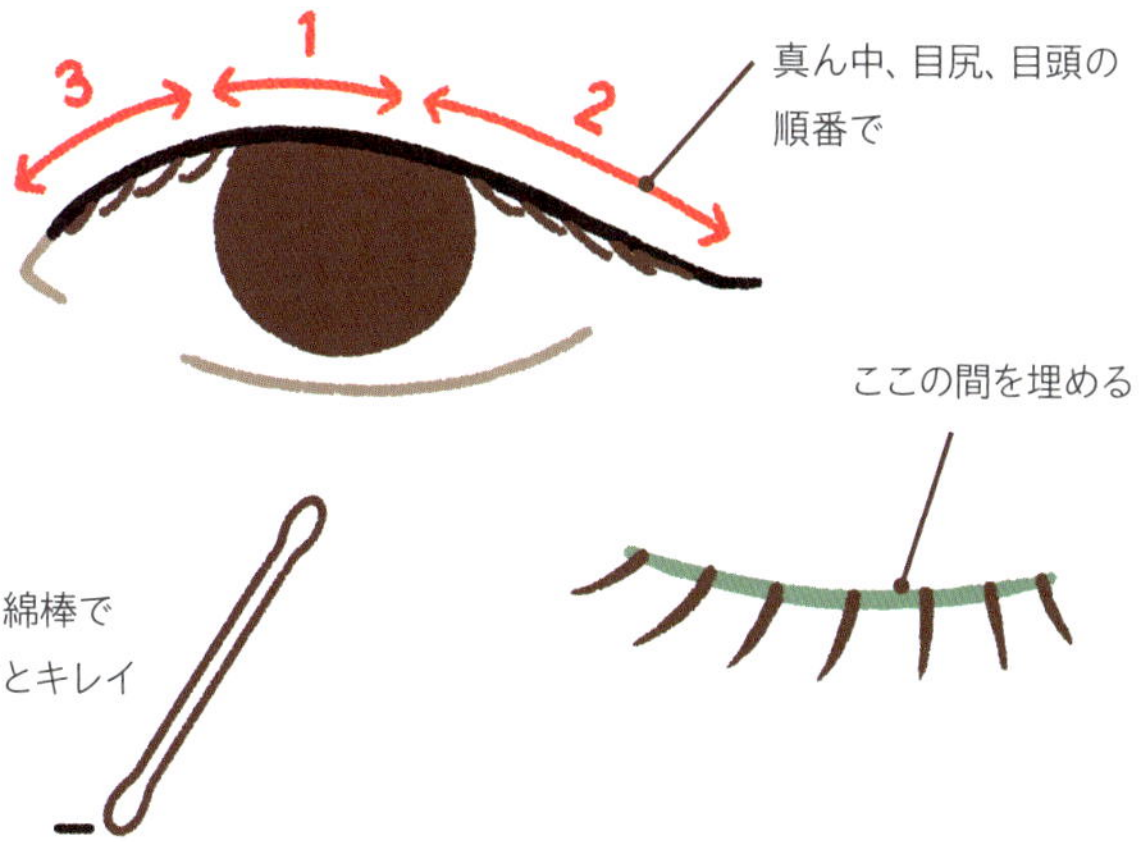
1
2
3
真ん中、目尻、目頭の順番で
ここの間を埋める
最後に綿棒でぼかすとキレイ

イラインだけが浮いて不自然な感じに。まつ毛の間を埋めるには、アイライナーのペン先を上に向けてちょこちょこ小刻みに埋めるようにしましょう。ペン先が下を向いていると、アイラインが浮いて見える原因に。まつ毛とまつ毛の間を埋めるだけで、十分目ははっきり見えます。太くしすぎるとまぶたとこすれてまぶたが汚れたり、パンダ目の原因にもなるので要注意。アイラインを引くときは、黒目の上部分から埋めていくと、自然に黒目の上部分が濃くなり、黒目全体が大きく見えます。

# 09

# 目尻を3ミリ横に伸ばして3歳若返り

「目が小さくなっちゃったから、大きくパッチリさせたい」というご要望はとても多いです。年齢とともに、たるみなどによって輪郭がぼやけて曖昧になってくるので、輪郭をハッキリさせることが若見えのポイントになってきます。まつ毛の間を埋めるアイラインで十分目をはっきりさせられるのですが、目尻にアイラインをプラスすると、より目元を大きく、引き上げて見せることができます。

アイライナーでまつ毛とまつ毛の間を埋めた後、目尻から3ミリほどアイラインを延長して伸ばしていきます。引くときは、鏡を真っ直ぐ見て真横に引くと、自然に目尻が上向きになり、目幅も大きく見えます。上に跳ね上げて描くと不自然で古い目元になるので、平行に描くだけで十分です。大人のメイクはいかに「自然に盛るか」です。

× 目尻のアイラインは
跳ね上げなくていい！

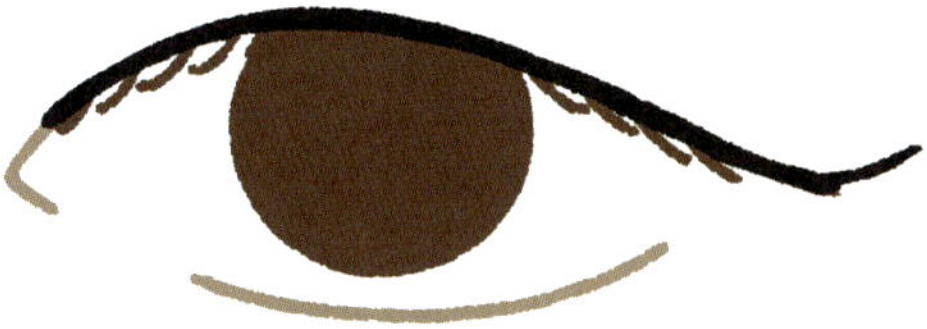

○ 目尻は並行に伸ばす

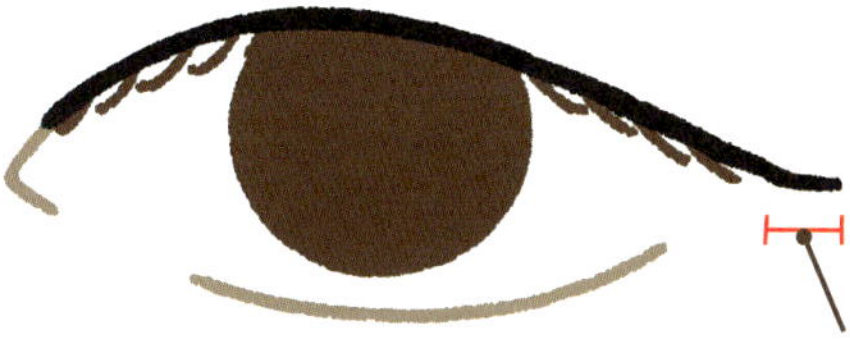

10

# 目尻のアイラインを描くとき まぶたは「上」ではなく「横」に引っ張る

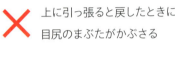

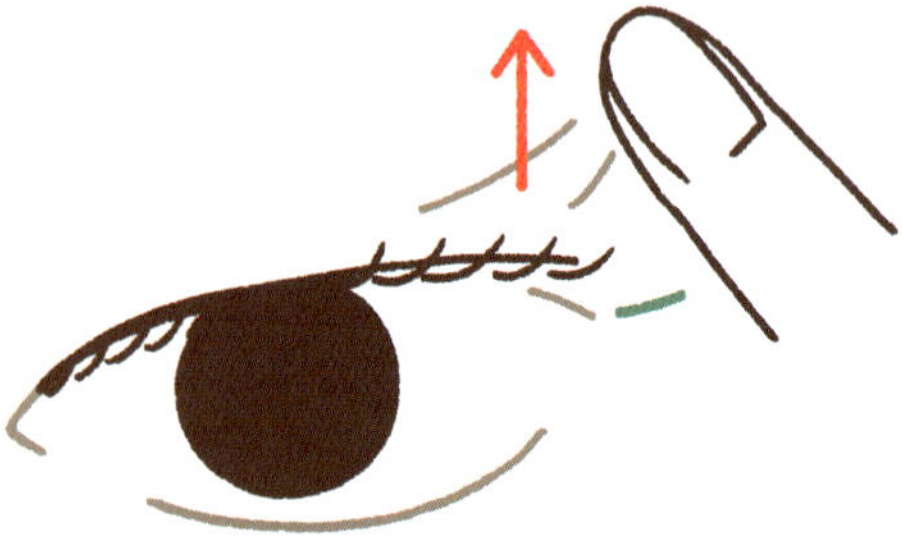


目尻のアイラインで目の横幅を拡張させるとき、まぶたがかぶさって見えにくいので、まぶたを少し上に引っ張って描きがちですよね。

たしかに、そうすれば目尻が見やすく描きやすいのですが、指を離すとまぶたが再び下がり、目尻が下がってアイラインも下がってしまいます。

○ 目尻を引っ張る場合は、真横かやや斜め上に。強く引っ張りすぎないこと

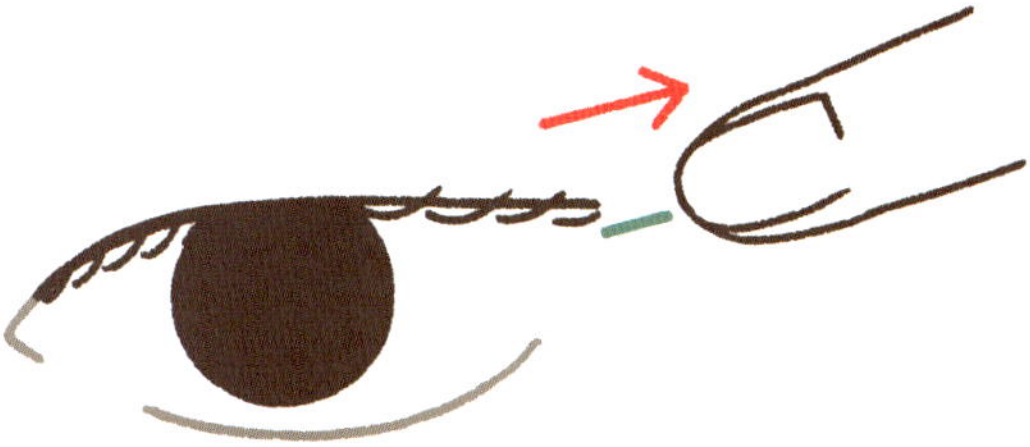

目尻のアイラインを描くときは、鏡を真っ直ぐ見て、基本はできるだけ目尻を引っ張らずに描くようにしましょう。

どうしても描きにくい場合は、引っ張る方向に注意して。真横か、やや斜め上に引っ張ってハリを持たせれば、描いた後にまぶたが下がってアイラインが下がったり隠れたりすることもなく、キレイに描けます。

# 11

# アイライナーのタイプは「ジェルアイライナー」がいい！

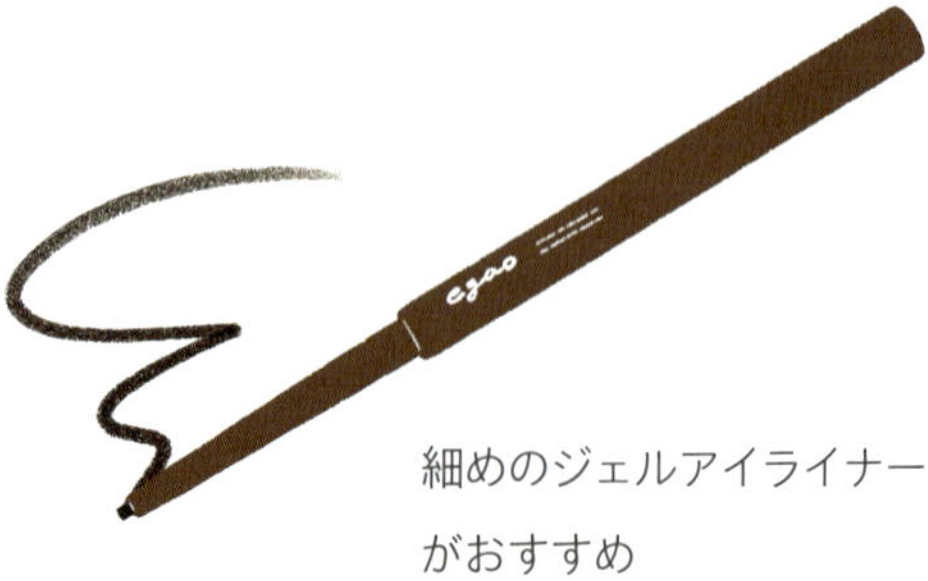


細めのジェルアイライナーがおすすめ

アイライナーのタイプにはリキッドやペンシル、ジェルタイプなどさまざまな種類がありますが、どれを使えばいいのかお悩みでしたら、細めのジェルタイプがおすすめ。ジェルタイプはリキッドとペンシルのいいとこどりで、まつ毛とまつ毛の間を埋めやすく、スルスルと描けるので自然なラインが描けます。

「アイラインを入れるとパンダ目になっちゃう」という悩みがある場合は、目の下に油分が残っているか、まぶたが下がっていて当たるのが原因。また、油分がある上に塗るとアイラインがのらずそもそも描けません。こうした場合は、フェイスパウダーでまぶたをおさえてからアイラインを引くようにします。

リキッドタイプは馴染みがある方も多いかもしれませんが、まつ毛の間を埋めるのは慣れていないと難しかったり、足し引きが難しいので、ちょっと難易度が高く感じるかもしれません。また、アイライナーに馴染みのない方や、リチュラルに仕上げたい方は、ブラウンのライナーや瞳の色に合わせた色味を選ぶと自然な感じに仕上がります。

12

# ビューラーでまつ毛を上げれば目元が10歳若返る

**Before**　まぶたが下がるとまつ毛も下がり、
瞳に影が落ちる……

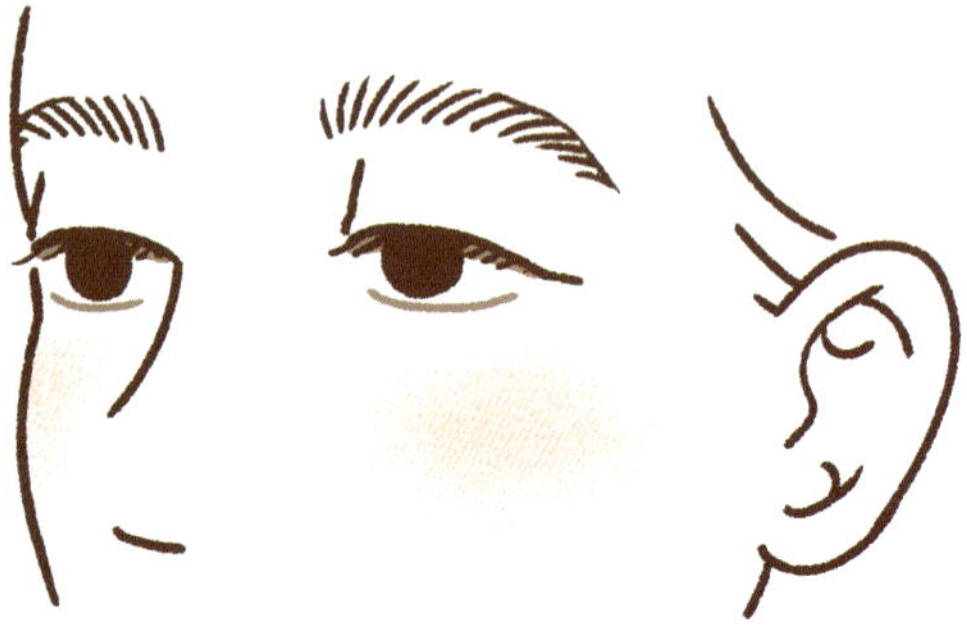

**After**　まつ毛が上がるだけで
瞳に光が入りキラキラに！

「まつ毛がほとんどないのよ。上げても意味がないでしょ」とおっしゃるみなさん、いえいえ、まつ毛はちゃんとあります！　50代以上の方でも、ほぼ全員まつ毛はあります。細くなったり、まばらになったりはしていますが、まつ毛の存在自体がないことはありません。

まぶたが下がると瞳に影ができ、顔全体の印象が暗くなります。そこでまつ毛をビューラーで上げるとまぶたも上がり、瞳に光が入って明るい印象に！

傷んだり抜けたりするのが心配だとしたら、強く引っ張りすぎです。軽く挟むだけで十分上がります。目元はカーブが強いので、目頭側・中央・目尻側と分けて上げていきましょう。まつ毛が上がって目元がイキイキすると、気持ちもぐっと上がります。それだけでマイナス10歳の効果が！

# 13

# マスカラは塗ったらとかす。このひと手間が上品と下品の分かれ目

ダマになっていると
雑な感じ……

まつ毛が細くて短いから、太く長く塗って、フサフサしたまつ毛に見せたいですよね。そのお気持ちはわかります。でも、2～3本のまつ毛がくっついてダマになっているのは、あまりエレガントではありません。ときどき見かける「ひじき」のようなまつ毛。まつ毛が数本ずつ束になり、ガビガビしている感じです。

こうしたひじきまつ毛の場合、マスカラを

○ とかすだけで丁寧で
上品な感じの目元に！

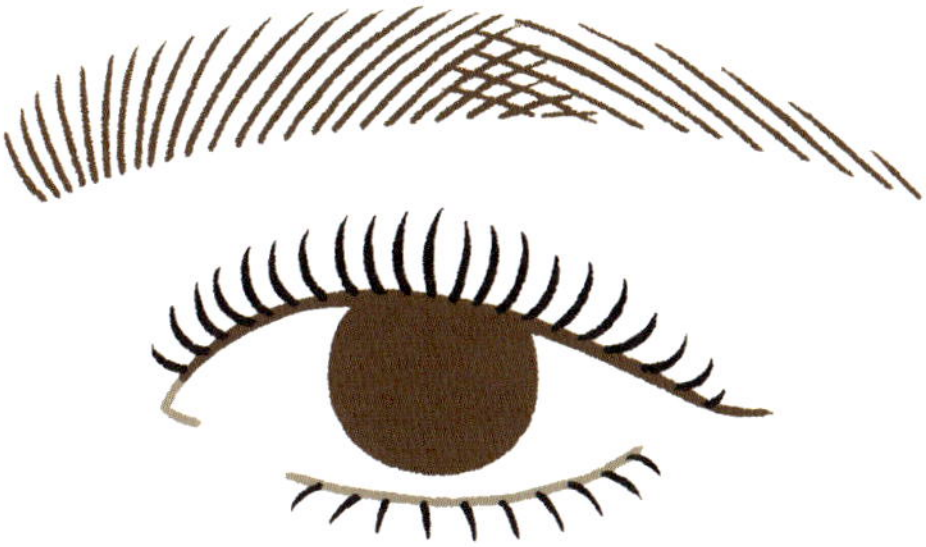



つけるところまではいいのですが、問題はその後。とかさず、塗ったままの方が多いです。

髪の毛をとかす感覚と一緒で、まつ毛も塗ったらコームやスクリューブラシでとかして、キレイなセパレートまつ毛にしましょう。

大人メイクは自然に上品に「さりげなく盛る」のがポイント。やってます感は老け見えの原因なのでNGです。

1本1本キレイにセパレート

14

# パンダ目に悩んでいるなら マスカラは 塗らなくても大丈夫

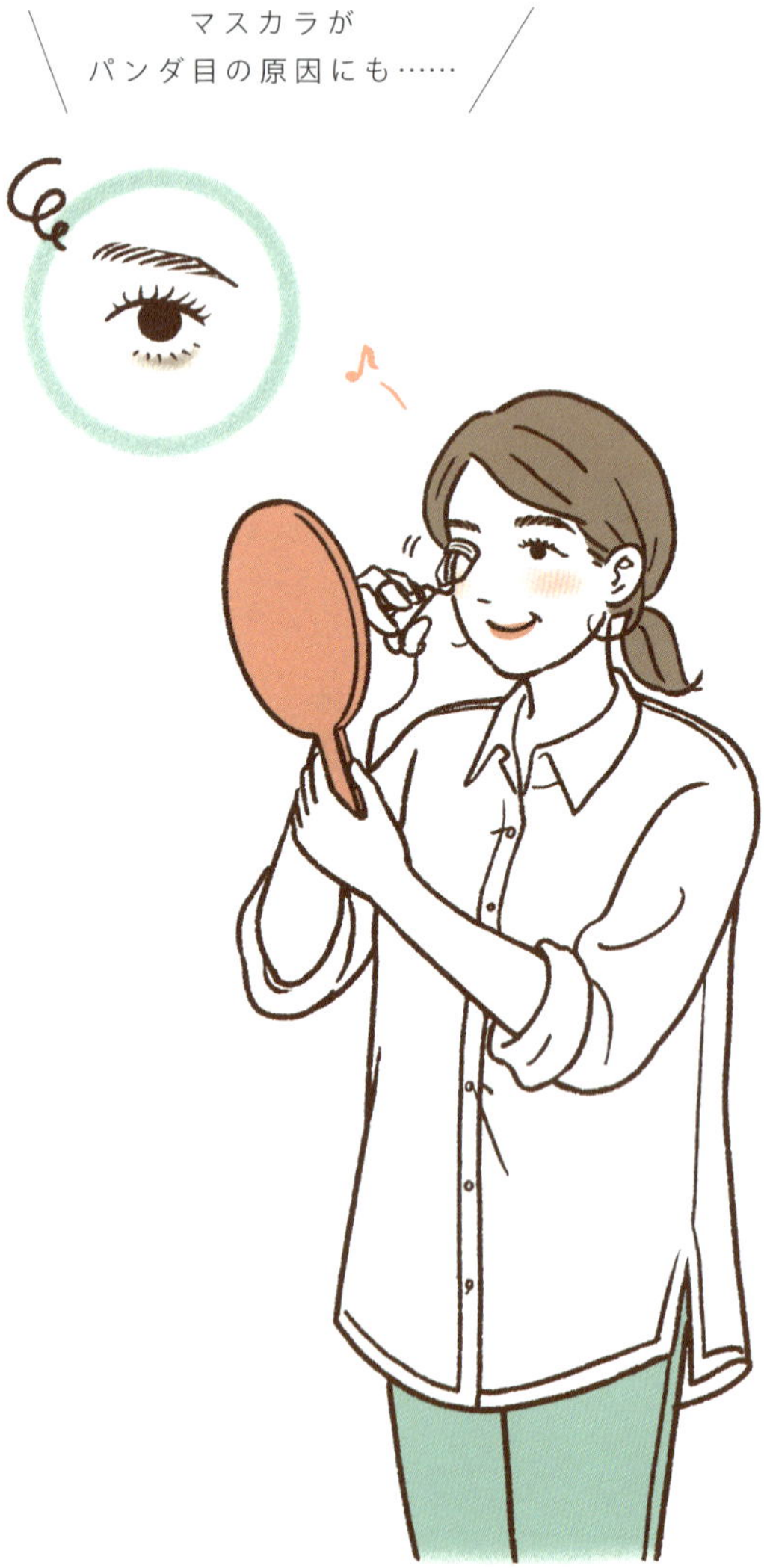
マスカラが
パンダ目の原因にも……

ビューラーでまつ毛を上げたら、マスカラをしっかり塗って、最後までしっかりと……と、必ずしもフルコースでやる必要はありません。

まつ毛のメイクは、

①ビューラーで「上げる」

②マスカラ下地で「キープ」する

③黒いマスカラでまつ毛を「濃く」する

の3ステップがあります。

①の「上げる」がもっとも大切で、ビューラーでまつ毛を根元から上げれば、目元の印象はグッと明るくなります。②の「キープ」は上げたまつ毛の形を保つためのマスカラ下地。③はまつ毛を太くしたり、長くするためのマスカラです。①さえしっかりやっていれば、②だけでも十分です。むしろ③のマスカラを塗ることで、まつ毛が涙袋にぶつかり、マスカラが当たってパンダ目になってしまうことも。マスカラが落ちてしまってお悩みの方は、ビューラーでしっかり上げて、マスカラ下地だけで仕上げてみてください。

# 15

# 大人女性こそつけまつ毛を使う

目尻が下がる人は
目尻側だけでも！
根元の接着面が
黒いタイプは
アイライン代わりにも
長さが短めで中央が長い
タイプがナチュラル

マスカラが下まぶたについてパンダ目になってしまうのを避けたいとか、マスカラは塗りたくないけど目元をはっきりさせたい、というご要望があるなら、つけまつ毛をつけるのが手っ取り早い解決法。アイメイクは形や輪郭がわかりやすく変わるので、つけまつ毛をつけると、昔の自分に戻ったみたい、とみなさん喜ばれます。目がぱっちりすると、瞳がイキイキとして「まだまだ、キレイになれる！」とスイッチが入ります。

つけまつ毛は１００円均一ショップでも手に入りますし、気軽に試せるので、一度買ってみるとよいと思います。ナチュラルで使いやすいのは、細めで長さが短く、中央が少しだけ長くなっているタイプ。幅が長めなので、ご自分の目の幅に合わせてカットして使いましょう。

地まつ毛とつけまつ毛を馴染ませるには、地まつ毛をビューラーでしっかりと上げてからつけまつ毛をつけていくのがポイント。まぶたが下がっている方のほうが馴染みやすく、効果が出やすいです。接着するテープ部分が黒いものなら、アイラインの代わりにもなり、アイラインを描く手間も省けます。

# 16

# リップの色選びに迷ったら チークと同じ色味

レッドもピンクもオレンジ系！

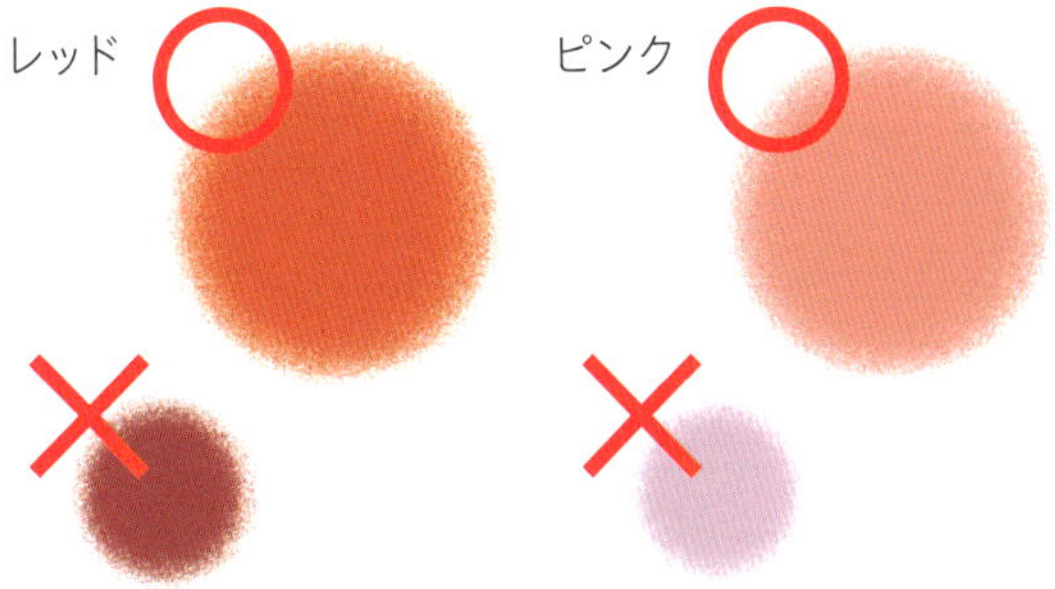




メイクの質問で多いのが、「どんな口紅の色がいいのかわからない」というお声です。基本的には、好きな色をつけていただければと思います。ベースメイク、チーク、アイメイクと、大人のメイクは「補う」ことを第一に考えて整えてきました。だからこそ、リップくらいは、自分の好きな色を思い切り楽しんで、気分を上げればいいと思うのです。

「そうは言っても、迷っちゃう！」というなら、コーラルピンクを選べば間違いありません。チークと同じ色味の、黄味やオレンジがかった暖色系のピンクです。青みを帯びたピンクや彩度の高すぎる色は、肌がくすんで見えやすいのでなるべく避けましょう。

レッドを選ぶなら、青みを帯びたレッドではなく、オレンジ寄りのレッドを選ぶと肌馴染みがよいでしょう。

# 17

# 上唇をリップライナーで2ミリ足してマイナス2歳

年齢とともに鼻と唇の間が広くなる

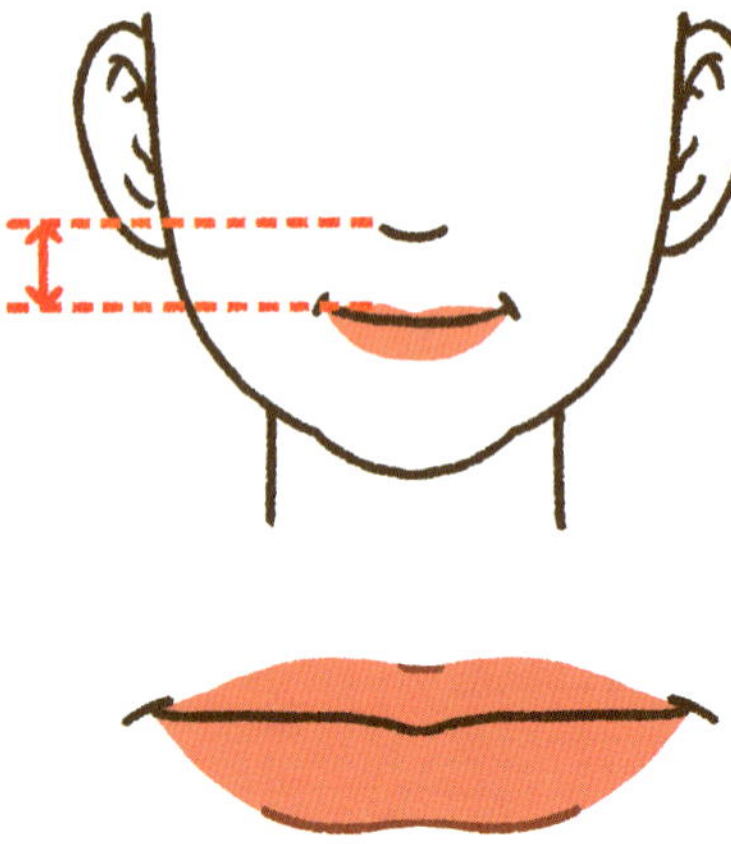

↓

上唇を高くすることで鼻と唇の間を縮める

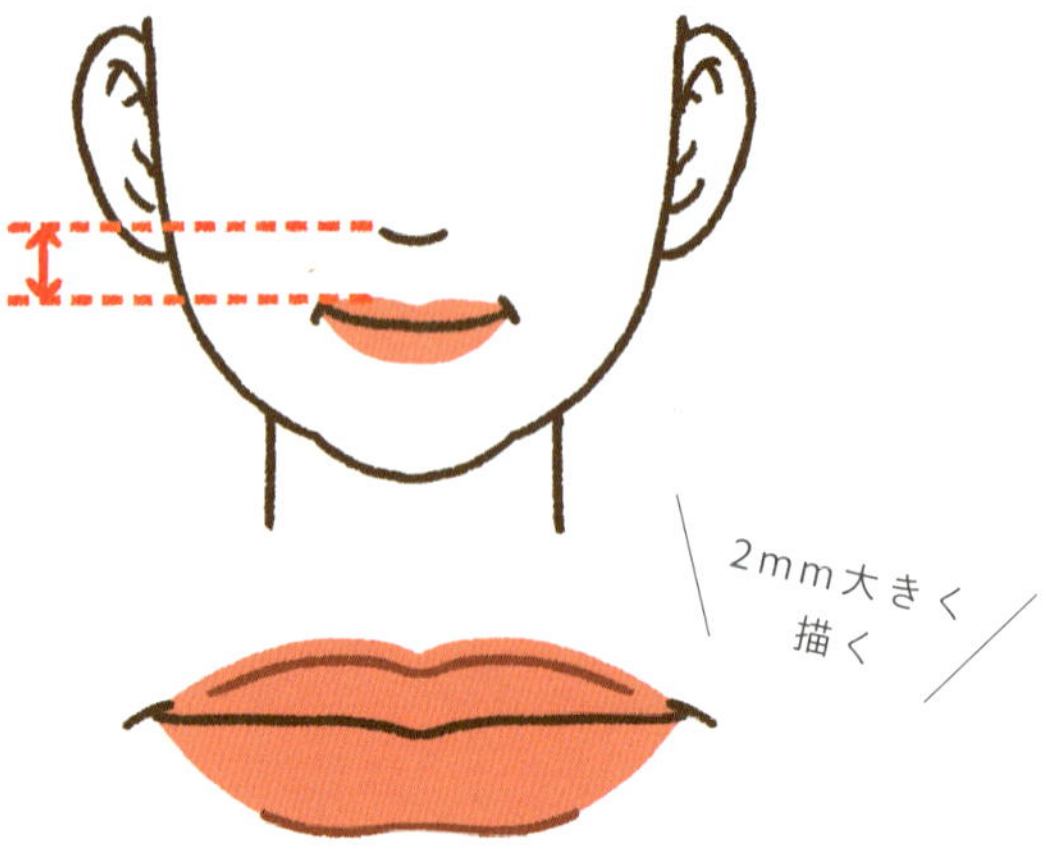

「なんだか間延びした感じの顔になってきたな……」「寂しそうな顔になってきたような……」と感じるなら、鼻と唇の間が広がってきたことが原因の1つかもしれません。

年齢とともに鼻の下が口に巻き込まれるようになり、上唇が薄くなってきます。そこをリップライナーで描いて少し足してあげることで、昔のように若々しい口元に！

リップラインの外側に足すときはリップライナーで描くようにしましょう。リップラインの線上ではなく、リップラインの外側を、2ミリほど大きめになぞっていきます。鼻と唇の間がギュッと縮まり、マイナス2歳の若見え効果が得られるはず

# 18

# 唇の縦ジワには年齢があらわれます。縦塗りで溝と年齢を隠す

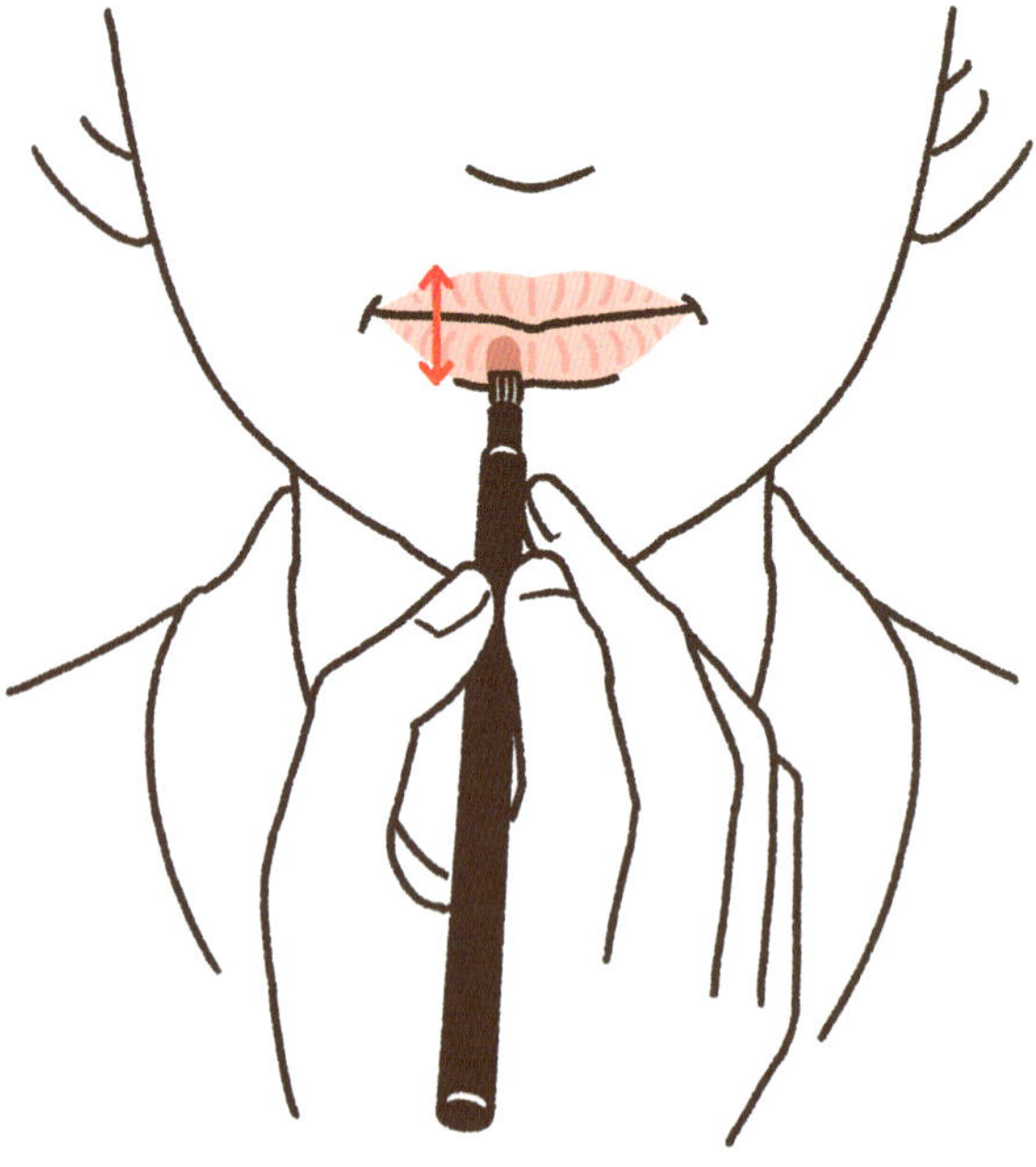

リップブラシで縦ジワに沿って
縦に塗り込む

リップスティックで横に塗っていたわ！

みなさん、リップはどうやって塗っていますか？　リップスティックを唇に当てて、横にスライドして塗っている方、多いと思います。簡単でよいのですが、その塗り方だと、縦ジワが目立ってしまいがちです。

唇には縦にシワがあり、でこぼこしているので、横向きにリップを塗ると、縦の溝にリップが上手く入りません。溝にもキレイにリップを塗ることで、みずみずしく発色のいい唇に。**リップスティックだと溝にまで届かないので、リップブラシを使って、縦向きに塗るようにしましょう。**

なお、保湿のためにリップクリームを塗るときも、縦塗りで溝を埋めていくとしっとり唇全体が潤います。

ティッシュオフはこすりすぎないように、唇でテッシュを挟むようにしてやさしく油分を拭います。唇も肌と同じように負担をかけないように労わってあげましょう。

# 19

# メガネは「隠しアイテム」。目元のメイクは引き算できる

メガネがあると華やか！
メガネなしだと物足りないメイクも……

メガネは、目元のネガティブなお悩みをサラッと隠し、簡単にこなれ感を出せる「隠しアイテム」。目元の悩みを一生懸命に隠そうとして厚塗りメイクになってしまいがちなら、いっそのことメガネに頼るのもひとつの手です。

メガネをかける場合は、メイクがある程度仕上がったら、実際にメガネをかけて全体のバランスを見るようにしましょう。

完全に仕上げてからメガネをかけると、メイクをやりすぎていることもあるので、様子をみながら引き算していくことが大切です。

# 20

# ハレの日や特別な日も基本のメイクでOK

冠婚葬祭や同窓会、食事会など、ハレの日のメイクはついつい気合いを入れてしまいがちですよね。アイシャドウはキレイな色のグラデーションでラメを入れて、リップは華やかな赤に……なんて気合いを入れていくうちに、なんだか「お祭り感」が出てしまったり。

ハレの日のメイクも、基本はいつも通りでよいのです。お顔の中にたくさんの色があると、バラバラになってケンカをしてしまうので、これまでお伝えしてきた「補うメイク」をするだけで十分「素敵な私」を演出できます。その上で、リップを季節やお洋服、気分の上がるものにしてポイントにしたり、アクセサリーをつけたり、髪をキレイにセットしたりすれば、上品にセンスよくまとまります。

でもやっぱり特別な日だからいつもと同じじゃつまらないという方は、アイシャドウやリップなど、ポイントメイクに「色」を1つ入れてポイントを持たせてあげると、「非日常感」を出せますよ！

まとめ5

# 垢抜けポイントメイク
# これだけ押さえておけばＯＫ！

最後はアイメイクとリップ。
難しいことは考えず、これだけ押さえて
楽しくメイクの仕上げを。

《ポイントメイクのおさらい》

- [ ] **1** アイシャドウを塗る前に手の甲で粉を馴染ませる
- [ ] **2** アイメイクは色で頑張るよりパーツをはっきりと！
- [ ] **3** たるみまぶたには「オレンジブラウン」、くぼみまぶたには「パール」を選ぶ
- [ ] **4** ジェルアイライナーでまつ毛のすき間を埋める

なんだかメイクが
上手くいきそう！

《最終チェック！》

- [ ] **1** メガネも簡単に垢抜け感の出るメイクアイテムのひとつとして考える
- [ ] **2** お悩み部分が完璧にカバーできていなくても一旦メイクを仕上げて全体のバランスを見る
- [ ] **3** ハレの日のメイクも基本の補うメイクを意識して！その上でリップやアクセサリーで特別感の演出を！
- [ ] **5** 目尻のアイラインは「上」に引っ張らない
- [ ] **6** リップの色に迷ったらチークと同じ色
- [ ] **7** 上唇はリップライナーで2mm大きく描く
- [ ] **8** リップを塗るときは縦塗りで溝を埋めていく

Column 6

# リップクリームはスキンケアのときに塗る

リップクリームを口紅を塗る直前につけていませんか？　リップクリームは「スキンケアのタイミング」で塗りましょう。

そうすることで、メイクをしている間にリップクリームがしっかり浸透して保湿されます。直前に塗ってしまうと口紅がキレイにのらない原因にもなります。

その際、縦塗りで唇のシワの溝にも塗り込むようにすると、乾燥を防げます。

# おわりに

50代のみなさんは、もっともっと自分に自信を持ってよいと思います。自分では気づかない、ナチュラルな美しさをみなさん持っています。何かが変わればいろいろよい方向に転がり出すはず！

普段お客様にメイクをしていると、「自分はまだまだキレイになれる」と気づいた瞬間に、顔にスイッチが入ります。

それは50歳でも80歳でも同じです。

キレイになることに年齢は関係ないです。

知ってるか、知らないか、だけ。

女優さんはもともとキレイだから……ではなく、やれば必ず、みなさんキレイになれます。

たとえば眉を2ミリ太くしたり、ファンデーションの明るさを変えたり、ほんの少しの変化で、見た目は劇的に変化します。

まだまだ自分に期待して大丈夫です!!

# おわりに

この本では、普段私がとても多くお伺いするお悩みに対して、「もったいない！」と思うことと、その解決のヒントをお伝えさせていただきました。明日からのメイクに、少しでも参考になればとても嬉しいです。

いきなり全部を取り入れるのは難しいかもしれませんが、何かひとつでもよいので、明日から取り入れてみてください。そうすることで、もっとこうしてみよう、こうなりたいと思う気持ちが出てくるはずです。

この本は、あくまでも「このお悩みには、こういう解決方法があるよ！」という一例にすぎません。この本をきっかけに、もっともっと、メイクをすること自体を楽しんでいただければ何より嬉しく思います。

**1万人以上のアラフィフ女性を**
**大変身させたカリスマヘアメイク**

## 船津有史（えがお写真館/EGAO）

都内・NYでの美容師として活動後、雑誌・広告やアーティストなどのヘアメイクを経て、2017年に巣鴨のシニア専門スタジオ「えがお写真館」にヘアメイクアップアーティストとして参画。2019年より「えがお美容室」のディレクターも務める。

美再生させたアラフィフ女性はこれまでに1万人以上。

若見せのカリスマヘアメイクとして今注目を集めている。近著に『悩みがぶっ飛ぶ50代からのヘア&メイク術』（扶桑社）がある。

# 55歳、「今さらムリ？」
## あきらめていてもキレイになれます
—— オバ見えメイク卒業マニュアル

2024年10月21日 初版第1刷発行

著者 船津有史（えがお写真館/EGAO）

発行人 高橋隆志

編集人 藤井貴志

発行所 株式会社インプレス
〒101-0051
東京都千代田区神田神保町一丁目105番地
https：//book.impress.co.jp/

印刷所 シナノ書籍印刷株式会社



ISBN978-4-295-02033-2 C2077
Printed in Japan

STAFF

協力 太田明良（株式会社サンクリエーション）
デザイン 西田寧々（文京図案室）
DTP 田中麻衣子
イラスト 嶽 まいこ
校正 聚珍社
編集 山崎理佳
編集協力 梶野有希
編集長 和田奈保子

**本書のご感想をぜひお寄せください。**

アンケート回答者の中から、抽選で図書カード（1,000円分）などを毎月プレゼント。当選者の発表は賞品の発送をもって代えさせていただきます。
※プレゼントの賞品は変更になる場合があります。

https：//book.impress.co.jp/books/1123101123

**商品に関する問い合わせ先**

このたびは弊社商品をご購入いただきありがとうございます。本書の内容などに関するお問い合わせは、下記のURLまたは二次元コードにある問い合わせフォームからお送りください。

https://book.impress.co.jp/info/

上記フォームがご利用いただけない場合のメールでの問い合わせ先
info@impress.co.jp

＊ お問い合わせの際は、書名、ISBN、お名前、お電話番号、メールアドレス に加えて、「該当するページ」と「具体的なご質問内容」「お使いの動作環境」を必ずご明記ください。なお、本書の範囲を超えるご質問にはお答えできないのでご了承ください。

- 電話やFAX でのご質問には対応しておりません。また、封書でのお問い合わせは回答までに日数をいただく場合があります。あらかじめご了承ください。
- インプレスブックスの本書情報ページ（https：//book.impress.co.jp/books/1123101123）では、本書のサポート情報や正誤表・訂正情報などを提供しています。あわせてご確認ください。
- 本書の奥付に記載されている初版発行日から3年が経過した場合、もしくは本書で紹介している製品やサービスについて提供会社によるサポートが終了した場合はご質問にお答えできない場合があります。
- 本書の記載は2024年9月時点での情報を元にしています。そのためお客様がご利用される際には、情報が変更されている場合があります。あらかじめご了承ください。

**落丁・乱丁本などの問い合わせ先**

FAX 03-6837-5023
service@impress.co.jp
※ 古書店で購入されたものについてはお取り替えできません。